INSTITUT „FINANZEN UND STEUERN" e.V.

Postfach 7269
53072 Bonn

IFSt-Schrift Nr. 457

DBA-Verständigungsverfahren
– Probleme und Verbesserungsvorschläge –

Dr. Markus Albert

Bonn, im November 2009

Das Institut „Finanzen und Steuern" überreicht Ihnen
die IFSt-Schrift Nr. 457:

DBA-Verständigungsverfahren
- Probleme und Verbesserungsvorschläge -

Auch unter der Geltung von internationalen „Abkommen zur Vermeidung der Doppelbesteuerung" (DBA) lassen sich Doppelbesteuerungen – trotz verbindlich vereinbarter Aufteilung der Besteuerungsrechte – nicht immer ausschalten. Die Ursache ist in den meisten Fällen eine unterschiedliche Abkommensauslegung oder Sachverhaltsbewertung durch die beteiligten Verwaltungen. Als Ausweg bieten die Abkommen regelmäßig ein spezielles Annäherungsprogramm an, das sog. Verständigungsverfahren, das in den letzten Jahren im Verhältnis zu bestimmten Ländern noch um eine ergänzende Schiedsmöglichkeit erweitert worden ist. In der Praxis genießt das Verständigungsverfahren in seiner gegenwärtigen Gestalt indes keinen guten Ruf; es sei umständlich, dauere zu lange und lasse sich in seinem Ausgang kaum vorhersagen. Dennoch kann der Sache nach auf das Verfahren nicht verzichtet werden, da Doppelbesteuerungen aus rechtlichen wie aus wirtschaftlichen Gründen generell inakzeptabel sind.

Zentraler Gegenstand der vorliegenden Arbeit ist das für Verständigungsverfahren derzeit geltende Regelwerk. Themen sind dabei unter anderem: die rechtlichen Modalitäten der Einleitung, der Durchführung und der Umsetzung von Verständigungsverfahren, die Frage eines Rechtsanspruchs auf Verfahrenseinleitung bzw. Beseitigung der Doppelbesteuerung, ferner die Stellung des Steuerpflichtigen im Verfahren, insbesondere seine Rechtsschutzmöglichkeiten.

Den Abschluss der Arbeit bilden Verbesserungsvorschläge; diese beziehen sich sowohl auf die verwaltungsmäßige Abwicklung des Verfahrens als auch auf den gegenwärtigen Rechtszustand.

Das neuartige Schiedsverfahren, das seit einiger Zeit im Verhältnis zu EU- und einigen anderen Staaten zusätzlich zum Verständigungsverfahren offen steht, wird in einer gesonderten Institutsschrift behandelt werden.

Mit vorzüglicher Hochachtung
INSTITUT „FINANZEN UND STEUERN"
Dipl.-Kfm. Hans-Jürgen Müller-Seils

Bonn, im November 2009

Inhalt

Seite:

A. Einleitung   6

B. Entwicklung der Streitbeilegung im Internationalen
   Steuerrecht   7

C. Verständigungsverfahren   10

    I. Rechtsquellen, Verfahrensarten und Anlässe   10

    II. Verständigungsverfahren im engeren Sinne
   (Art. 25 Abs. 1 und 2 OECD-MA)   12

       1. Zweck und Charakter des Verständigungsver-
      fahrens   12
       2. Verhältnis zum innerstaatlichen Recht und
      Möglichkeiten nationaler Sonderregelungen   13
         a) Grundsätze nach OECD-Vorstellungen   13
         b) Unterschiedliche Staatenpraxis   13
       3. Voraussetzungen   16
         a) Abkommenswidrige Besteuerung   16
         b) Antrag und Antragsberechtigung   17
         c) Zuständige Behörde   18
         d) Antragsfrist   19
       4. Ausschlussgründe   20
       5. Anspruch auf Einleitung eines Verständi-
      gungsverfahrens?   21
       6. Die drei Stufen des Verständigungsverfahrens   25
         a) Vorprüfungs- und Abhilfeverfahren   25
         b) Verständigungsverfahren im eigentlichen
         Sinne   25
         c) Nationale Umsetzung der Verständigung   26

7. Stellung des Steuerpflichtigen im Verfahren   27
8. Rechtsmittel nach deutschem Recht   28
   a) Keine Einlassung auf ein Verständigungs-
     verfahren   28
   b) Verständigungsvereinbarung   30
   c) Änderung oder Aufhebung eines
     Steuerbescheids   31
9. Qualität der Verständigungsvereinbarung   31

III. Konsultationsverfahren (Art. 25 Abs. 3
OECD-MA)   31
  1. Regelungsumfang   31
  2. Auslegungs- und Anwendungsschwierigkeiten   32
  3. Regelungslücken in DBA   33
  4. Keine Bindungswirkung der Verwaltungsver-
     einbarungen   33
  5. Veröffentlichung der Verständigung   35
  6. Klärung des Besteuerungsrechts bei Abfin-
     dungen als aktuelles Beispiel   35

IV. Vorabverständigungsvereinbarungen bei der Verrechnungspreisbestimmung   37

V. Weitere spezielle Verständigungsverfahren   39

D. Schlussfolgerungen und Verbesserungsvorschläge   41

I. Begrenzung der Verfahrensdauer – Straffung der
Bearbeitung   41

II. Periodische Unterrichtung des Steuerpflichtigen   42

III. Ausgleich bei fehlender Einigung   42

IV. Weitere Stärkung der Beteiligungsrechte des
Steuerpflichtigen   43

V. Veröffentlichung der Ergebnisse des Verständigungsverfahrens im engeren Sinne (Art. 25 Abs. 1
und 2 OECD-MA)   44

<u>Anhang</u>: BMF-Schreiben vom 13. Juli 2006, Merkblatt
zum internationalen Verständigungs- und Schiedsverfahren
auf dem Gebiet der Steuern vom Einkommen und vom
Vermögen, BStBl. I 2006, S. 461   46

Literaturverzeichnis   59

IFSt-Schrifen 2008 / 2009   62

A. Einleitung

Doppelbesteuerungsabkommen (DBA) verhindern nicht immer uner-wünschte und unvorhergesehene Doppelbesteuerungen. Insbesondere können Abkommensregelungen nicht alle denkbaren Einzelfälle ab-schließend erfassen. Auch bilden DBA grundsätzlich keine materiell-rechtliche Besteuerungsgrundlage, sondern dienen der Zuteilung, d.h. der Begrenzung der nationalen Besteuerungsrechte und der Er-läuterung einiger zentraler Begriffe[1]. Unterschiedliche Auffassungen über Anwendung oder Auslegung von Abkommensregelungen können deshalb Maßnahmen eines Vertragsstaats oder beider Vertragsstaaten auslösen, die zur abkommenswidrigen Doppelbesteuerung führen[2].

Um solchen Doppelbesteuerungen entgegentreten zu können, enthal-ten Art. 25 des OECD-Musters für Doppelbesteuerungsabkommen (OECD-MA) bzw. die in diesem Punkt zumeist identischen deutschen DBA-Regelungen über Verständigungs- und Schiedsverfahren, die da-rauf abzielen, eine dem Sinn und Zweck eines DBA entsprechende Besteuerung zu erreichen, also insbesondere Doppelbesteuerungen zu vermeiden.

Hauptgegenstand dieser Arbeit sind der nähere Inhalt dieser Verfah-ren, die wichtigsten gegenwärtigen praktischen und rechtlichen Pro-blemfelder und die Möglichkeiten einer Verfahrensverbesserung. In diesem ersten Teil steht das Verständigungsverfahren im Mittelpunkt. Eine spätere zweite Schrift wird sich mit den Problemen des Schieds-verfahrens beschäftigen, die trotz des EG-Schiedsabkommen von 1990 und der seit 2008 vorgeschlagenen Regelung in Art. 25 Abs. 5 OECD-MA in mannigfacher Hinsicht noch bestehen.

---

[1]   *Lüthi*, in: Gosch/Kroppen/Grotherr, DBA, Art.25 OECD-MA Rn. 12.
[2]   *Lüthi*, in: Gosch/Kroppen/Grotherr, DBA, Art.25 OECD-MA Rn. 12.

B. Entwicklung der Streitbeilegung im Internationalen Steuerrecht

1927 schlug der Völkerbund zur Behebung von Doppelbesteuerungen eine Schlichtungsinstanz in Form eines „Völkerbundsrats" vor. Der Völkerbundsrat hatte danach ein Vorschlagsrecht zur Streitschlichtung. Dieser Vorschlag war zwar unverbindlich; die Vertragsstaaten konnten aber den Ständigen Internationalen Gerichtshof anrufen, wenn im Rat keine für die Vertragsstaaten annehmbare Lösung erreicht werden konnte[3].

1929 entwarf der Völkerbund ein Amtshilfeabkommen zur Vermeidung der zwischenstaatlichen Doppelbesteuerung mit unmittelbarem Verkehr der beteiligten Behördenvertreter. Spätere Abkommensentwürfe wie etwa die von Mexiko und London zielten zudem auf einen Rechtsschutz auf Antrag des Steuerpflichtigen ab[4].

Die heutige Fassung des Art. 25 OECD-MA stimmt inhaltlich im Wesentlichen mit den Fassungen dieses Artikels in den OECD-Musterabkommen von 1963 und 1977 überein[5]. Auf der gleichen Linie liegen demzufolge auch die deutschen DBA, so dass es bei der nachfolgenden Darstellung des deutschen Rechtszustands genügt, auf das DBA-Musterabkommen der OECD Bezug zu nehmen. Die Einführung einer Empfehlung für die Schiedsverfahren im Jahre 2008 (Art. 25 Abs. 5 OECD-MA) kann allerdings als eine wesentliche Neuerung eingestuft werden[6].

1979 veröffentlichten die Vereinten Nationen ein Handbuch für Verhandlungen über DBA zwischen Industriestaaten und Entwicklungsländern, das Gewinnberichtigungsfälle als mögliche Problemfelder des Verständigungsverfahrens behandelt.

Ein bis heute bestehendes Manko des Verständigungsverfahrens, die rechtsverbindlich nicht vorgesehene Beteiligung des Steuerpflichtigen

---

[3] *Lehner*, in: Festschrift für Wolfram Reiß zum 65. Geburtstag, S. 665, 666.
[4] *Lehner*, in: Festschrift für Wolfram Reiß zum 65. Geburtstag, S. 665, 667.
[5] *Lüthi*, in: Gosch/Kroppen/Grotherr, DBA, Art.25 OECD-MA Rn. 8.
[6] *Eilers*, in: Debatin/Wassermeyer, MA Art. 25 Rz. 13.

im Verfahren, versuchte in den 80er Jahren des vorherigen Jahrhunderts die Internationale Handelskammer zu beseitigen. In ihrer Resolution („Resolution of International Tax Conflicts") empfahl sie zudem, ein internationales Steuergericht einzurichten[7].

Die Geschichte des EG-Schiedsverfahrens beginnt im Jahre 1976 mit einem Richtlinienvorschlag der EG-Kommission an den Rat „für Bestimmungen zur Vermeidung der Doppelbesteuerung für den Fall der Gewinnberichtigung zwischen verbundenen Unternehmen (Schiedsverfahren)"[8]. Sie fand erst 1990 im multilateralen Übereinkommen über die Beseitigung der Doppelbesteuerung im Falle von Gewinnberichtigungen zwischen verbundenen Unternehmen (EG-Schiedsabkommen)[9] ein Ende[10]. Das EG-Schiedsabkommen trat am 1. Januar 1995 in Kraft. Es galt ursprünglich nur für fünf Jahre, ist aber jetzt auf unbegrenzte Zeit verlängert. Lediglich für die seit dem Jahre 2004 neu beigetretenen Staaten ist die volle Anwendbarkeit noch nicht gewährleistet. Ergänzend zum EG-Schiedsabkommen regelt ein Verhaltenskodex als Orientierungshilfe ohne Verbindlichkeit im Wesentlichen Fragen der Fristberechnung und des beratenden Ausschusses[11].

Der heutige Art. 25 Abs. 5 OECD-MA trägt einer Forderung der Internationalen Handelskammer nach einem obligatorischen Schiedsverfahren Rechnung[12]. Ein erster Entwurf der OECD hierzu wurde 2006 veröffentlicht. Mit ihrem Diskussionsvorschlag „Proposals for improving mechanisms for the resolution of tax disputes" vom 1. Februar 2006 beabsichtigte die OECD, es den Steuerpflichtigen zu ermöglichen, die Einleitung eines Schiedsverfahrens zu beantragen[13].

Die geplante Musterregelung unterlag in der Folgezeit noch leichten Änderungen, bis dann im Februar 2007 die OECD einen Bericht mit dem Titel „Improving the resolution of tax disputes" vorlegte. Dieser

---

[7] *Lehner*, in: Vogel/Lehner, DBA, Art. 25 Rz. 7.
[8] KOM (76) 611 endg. = BT-Drs. 8/740.
[9] Übereinkommen 90/436/EWG, ABl. L 225, v. 20.8.1990.
[10] *Lehner*, in Vogel/Lehner, DBA, Art. 25 Rz. 5, 6.
[11] *Lehner*, in Vogel/Lehner, DBA, Art. 25 Rz. 6.
[12] *Lehner*, in: Festschrift für Wolfram Reiß zum 65. Geburtstag, S. 665, 667.
[13] *Bödefeld/Kuntschik*, IStR 2009, S. 449.

Bericht stellt den Wortlaut des neuen Absatzes 5 vor und enthält zudem eine Mustervereinbarung für die Durchführung des Schiedsverfahrens und einen Entwurf für die Kommentierung des Art. 25 Abs. 5 OECD-MA. Am 17. Juli 2008 genehmigte der Rat der OECD die vorgeschlagenen Neuerungen[14]. Trotz der darin klar ausgedrückten Präferenz für ein obligatorisches Schiedsverfahren enthält die Mehrzahl der in jüngerer Zeit verabschiedeten DBA nur Schiedsklauseln, die auf ein fakultatives Schiedsverfahren gerichtet sind. Ein obligatorisches Schiedsverfahren sieht aber das Änderungsprotokoll zum DBA-USA 1989/2006 vom Juni 2006 vor[15].

---

[14] *Bödefeld/Kuntschik*, IStR 2009, S. 449, 450.
[15] *Lehner*, in Vogel/Lehner, DBA, Art. 25 Rz. 9.

C.   Verständigungsverfahren
I.   Rechtsquellen, Verfahrensarten und Anlässe

Art. 25 OECD-MA enthält die Regelungen zu den beiden Formen des DBA-Verständigungsverfahrens, das einzelfallbezogene Verständigungsverfahren im engeren Sinne nach Art. 25 Abs. 1 und 2 OECD-MA und das auch ohne konkreten Anlass zur Schließung von Vertragslücken oder zur Behebung von Auslegungs- und Anwendungsproblemen dienende Konsultationsverfahren nach Art. 25 Abs. 3 OECD-MA, die beide als Verwaltungsverfahren der Form des Art. 25 Abs. 4 OECD-MA unterliegen[16]. Ergänzende Details finden sich in einem Merkblatt des Bundesfinanzministeriums vom 13. Juli 2006[17], das am Ende dieser Schrift abgedruckt ist.

Die Rechtsgrundlage des Verständigungsverfahrens als zwischenstaatlichem Streiterledigungsmittel[18] sind die Verständigungsklauseln der zwischen den Vertragsstaaten abgeschlossenen DBA. Die Verständigungsklauseln, die in den von Deutschland abgeschlossenen DBA enthalten sind, werden durch die Zustimmungsgesetze zu unmittelbar anwendbarem deutschen innerstaatlichen Recht, das den anderen deutschen Steuergesetzen gemäß § 2 AO vorgeht und von den Steuerbehörden von Amts wegen zu beachten ist[19].

Das Verständigungsverfahren im engeren Sinne nach Art. 25 Abs. 1 und 2 OECD-MA und das Konsultationsverfahren nach Art. 25 Abs. 3 OECD-MA können zwar jeweils gesondert und unabhängig voneinander durchgeführt werden, aber Überschneidungen sind möglich und

---

[16] *Schaumburg*, Internationales Steuerrecht, 3. Teil, Rz. 16.89, 16.90; *Portner*, IFSt-Schrift Nr. 430, S. 82, 83. Zu aktuellen Trends bei DBA-Verständigungsverfahren vgl. *Höppner*, IWB 2002, Fach 10, Gruppe 2, S. 1665 ff.

[17] BMF-Schr. v. 13.7.2006, Merkblatt zum internationalen Verständigungs- und Schiedsverfahren auf dem Gebiet der Steuern vom Einkommen und vom Vermögen, BStBl. I 2006, S. 461.

[18] *Schaumburg*, Internationales Steuerrecht, 3. Teil, Rz. 16.90; *Gloria*, Das steuerliche Verständigungsverfahren und das Recht auf diplomatischen Schutz, S. 162; *Valentin*, EFG 2001, S. 29.

[19] BMF-Schr. v. 13.7.2006, BStBl. I 2006, S. 461, 462, Tz. 1.1.4; BFH, Urt. v. 22.10.1986, I R 261/82, S. 171, 172; *Lüthi*, in: Gosch/Kroppen/Grotherr, DBA, Art.25 OECD-MA Rn. 19; *Krabbe*, DStZ 1995, S. 627.

auch gewollt[20]. Gemäß Art. 25 Abs. 4 OECD-MA können die zuständigen Behörden der Vertragsstaaten bei diesen Verfahren unmittelbar miteinander verkehren, gegebenenfalls auch in Form einer aus ihren Vertretern bestehenden gemeinsamen Kommission. Es handelt sich hierbei um eine gemeinsame Durchführungsbestimmung für das Verständigungsverfahren i.e.S. und das Konsultationsverfahren[21]. Zuständige Behörde ist auf deutscher Seite das Bundeszentralamt für Finanzen, das mit Wirkung zum 1. September 2004 diese Zuständigkeit gemäß § 5 Abs. 1 Nr. 5 FVG vom Bundesfinanzministerium übertragen bekommen hat[22]. Das Bundesfinanzministerium behält sich jedoch vor, im Einzelfall ein Verständigungsverfahren selbst zu führen[23].

Die Kodifizierung eines Verständigungsverfahrens im Internationalen Steuerrecht war erforderlich geworden, da trotz bestehender DBA Doppelbesteuerungen eintreten konnten und nach wie vor eintreten können. Folgende Umstände können unerwünschte Doppelbesteuerungen auslösen:

- unvollständige DBA
- Qualifikationskonflikte, bei denen die Finanzbehörden der beteiligten Staaten die Regelungen des DBA unterschiedlich auslegen
- unterschiedliche Bewertungen von Tatsachen, die unter einen Besteuerungstatbestand fallen
- Wissensunterschiede zwischen den beteiligten Finanzbehörden hinsichtlich zu bewertender Tatsachen[24].

Als Verfahrensgegenstand kommen alle möglichen DBA-Verletzungen in Betracht, insbesondere natürlich Doppelbesteuerungen, aber auch ungerechtfertigte Beanspruchung von Besteuerungsrechten, Dis-

---

[20] *Lehner*, in: Vogel/Lehner, DBA, Art. 25 Rz. 3; *Gloria, Gloria*, Das steuerliche Verständigungsverfahren und das Recht auf diplomatischen Schutz, S. 150.
[21] *Lehner*, in: Festschrift für Wolfram Reiß zum 65. Geburtstag, S. 665, 668.
[22] BMF-Schr. v. 29.11.2004, BStBl. I 2004, S. 1144; BMF-Schr. v. 13.7.2006, BStBl. I 2006, S. 461, 463, Tz. 1.4; *Portner*, IFSt-Schrift Nr. 430, S. 83.
[23] BMF-Schr. v. 13.7.2006, BStBl. I 2006, S. 461, 463, Tz. 1.4.
[24] *Frotscher*, Internationales Steuerrecht, § 20 Rz. 760.

kriminierungen und die rechtsbeeinträchtigende Versagung von Steuerentlastungen[25].

II. Verständigungsverfahren im engeren Sinne (Art. 25 Abs. 1 und 2 OECD-MA)
1. Zweck und Charakter des Verständigungsverfahrens

Die in Art. 25 OECD-MA empfohlene Regelung soll Schwierigkeiten beseitigen, „die sich aus der Anwendung des Abkommens im weitesten Sinne ergeben" (Nr. 1 OECD-MK zu Art. 25). Sie hat ganz generell die Aufgabe, den Sinn und Zweck eines DBA zu verwirklichen[26].

Das Verständigungsverfahren im engeren Sinne (Art. 25 Abs. 1 und 2 OECD-MA) bezweckt, eine abkommenswidrige Besteuerung durch Maßnahmen eines oder beider Vertragsstaaten in konkreten Einzelfällen zu beseitigen[27]. Das Verständigungsverfahren im weiteren Sinne (Konsultationsverfahren gemäß Art. 25 Abs. 3 OECD-MA) richtet sich ebenfalls gegen abkommenswidrige Besteuerungen, ohne dass es hier aber auf einen konkreten Steuerfall ankäme; insbesondere eignet sich dieses Verfahren auch zum Schließen von Lücken eines DBA.

Die Regelungen des Verständigungsverfahrens werden ergänzt durch die Regelungen über den Informationsaustausch in Art. 26 OECD-MA und die Vollstreckungshilfe in Art. 27 OECD-MA[28]. Art. 25 OECD-MA bildet einerseits eine Rechtsgrundlage für den zwischenstaatlichen Austausch von steuerlich relevanten Informationen im Verständigungsverfahren; andererseits müssen aber auch die geltenden Auskunftsschranken beachtet werden wie insbesondere die Geheimhaltungsregelungen in Art. 26 OECD-MA[29].

---

[25] *Menck*, in: Mössner, Steuerrecht international tätiger Unternehmen, Rz. D 50 S. 614.

[26] *Lüthi*, in: Gosch/Kroppen/Grotherr, DBA, Art.25 OECD-MA Rn. 1, 2.

[27] *Eilers*, in: Debatin/Wassermeyer, MA Art. 25 Rz. 4.

[28] *Lehner*, in: Festschrift für Wolfram Reiß zum 65. Geburtstag, S. 665, 666.

[29] *Lehner*, in: Vogel/Lehner, DBA, Art. 25 Rz. 16.

2. Verhältnis zum innerstaatlichen Recht und Möglichkeiten nationaler Sonderregelungen

a) Grundsätze nach OECD-Vorstellungen

Völkerrechtlich treten die Regelungen in Art. 25 Abs. 1 und 2 OECD-MA neben die innerstaatlichen Steuerfestsetzungs- und Rechtsschutzverfahren und sind grundsätzlich von ihnen unabhängig[30]. Die Zulässigkeit eines Nebeneinanders von völkerrechtlichem Verständigungsverfahren und nationalem Rechtsschutzverfahren ergibt sich aus Art. 25 Abs. 1 S. 1 OECD-MA („. ..unbeschadet der nach dem innerstaatlichen Recht dieses Staates vorgesehenen Rechtsmittel")[31]. Sogar eine rechtskräftige innerstaatliche Rechtsmittelentscheidung hindert nicht die Einleitung eines Verständigungsverfahrens[32]. Mit anderen Worten: Nach Art. 25 Abs. 1 S. 1 OECD-MA können Verständigungsverfahren vor, neben oder nach dem innerstaatlichen Verfahren beantragt werden oder auch an dessen Stelle[33].

b) Unterschiedliche Staatenpraxis

Allerdings findet in der Praxis der Vertragsstaaten eine weitgehende Koordinierung von innerstaatlichen Rechtsbehelfsverfahren und bilateralen Verständigungsverfahren statt[34]. Es existieren in einigen Staaten auch nationale Regelungen, nach denen ein Verständigungsverfahren erst nach Erschöpfung des innerstaatlichen Rechtswegs oder zumindest nach Anrufung von Rechtsmittelinstanzen eingeleitet werden kann; die Rechtswegerschöpfung oder Anrufung von Rechtsmittelinstanzen ist aber für das Verständigungsverfahren nach Art. 25 OECD-MA keine Voraussetzung und widerspricht zudem dem Sinn und Zweck des Verständigungsverfahrens[35]. Dagegen müssen nach der völkerrechtlichen „rule of the exhaustion of local remedies" Einzel-

---

[30] *Lüthi*, in: Gosch/Kroppen/Grotherr, DBA, Art.25 OECD-MA Rn. 44; *Frotscher*, Internationales Steuerrecht, § 20 Rz. 761; *van Randenborgh/Seidenfus*, INF 1996, S. 481, 483; *Strobl/Zeller*, StuW 1978, S. 244, 245.

[31] *Frotscher*, Internationales Steuerrecht, § 20 Rz. 761.

[32] *Lüthi*, in: Gosch/Kroppen/Grotherr, DBA, Art.25 OECD-MA Rn. 44.

[33] *Lehner*, in: Vogel/Lehner, DBA, Art. 25 Rz. 34.

[34] *Eilers*, in: Debatin/Wassermeyer, MA Art. 25 Rz. 34.

[35] *Lüthi*, in: Gosch/Kroppen/Grotherr, DBA, Art.25 OECD-MA Rn. 47.

personen vor der Inanspruchnahme von zwischenstaatlichen Streit-schlichtungsmöglichkeiten alle Rechtsschutzmöglichkeiten des inner-staatlichen Rechts ausgeschöpft haben[36].

Nach OECD-Prinzipien kann der Steuerpflichtige vollständig auf in-nerstaatliche Rechtsmittel verzichten, um ein Verständigungsverfah-ren einzuleiten. Diese Prinzipien stehen aber unter dem Vorbehalt an-derweitiger nationaler Regelungen, die etwa eine vorherige Anrufung innerstaatlicher Rechtsmittelinstanzen vorsehen oder sogar eine Er-schöpfung des innerstaatlichen Rechtswegs verlangen können. Denn die OECD lässt Sonderregelungen zu. Gleiches gilt für den OECD-Grundsatz, dass ein Verständigungsverfahren nicht mit der Argumen-tation abgelehnt werden kann, ein vergleichbarer Sachverhalt eines anderen Steuerpflichtigen sei vor einem Gericht anhängig oder bereits entschieden oder es seien innerstaatliche Rechtsmittelfristen abgelau-fen[37]. Auch hier sind Abweichungen zwischen den Staaten möglich.

Deutschland hat für das Verständigungsverfahren Sonderregelungen getroffen. So kann die Bestandskraft eines Steuerbescheids nach § 175a S. 1 AO durchbrochen werden, soweit dies zur Umsetzung einer Verständigungsvereinbarung geboten ist. § 175a S. 2 AO sieht eine Ablaufhemmung der Festsetzungsfrist vor (1 Jahr nach dem Wirksam-werden der Verständigungsvereinbarung). Weitere Sonderregelungen betreffen Einspruch und Klage. Nach § 354 Abs. 1a S. 1 AO kann in-soweit auf die Einlegung eines Einspruchs verzichtet werden, als Be-steuerungsgrundlagen für ein Verständigungsverfahren von Bedeu-tung sein können. Entsprechend erlaubt § 362 Abs. 1a AO eine be-grenzte Einspruchsrücknahme und § 72 Abs. 1a FGO eine begrenzte Klagerücknahme.

Darüber hinaus enthalten deutsche Verwaltungsanweisungen zum in-ternationalen Verständigungs- und Schiedsverfahren weitere, zum Teil auch restriktive Bestimmungen. So steht nach Auffassung der Verwal-tung das Verständigungsverfahren unter dem Vorbehalt, dass sich

---

[36] *Lehner*, in: Festschrift für Wolfram Reiß zum 65. Geburtstag, S. 665, 669; *Gloria*, Das steuerliche Verständigungsverfahren und das Recht auf diplomati-schen Schutz, S. 112, 113; *Strobl/Zeller*, StuW 1978, S. 244, 250.
[37] *Lüthi*, in: Gosch/Kroppen/Grotherr, DBA, Art.25 OECD-MA Rn. 45.

auch der Steuerpflichtige mit dem Inhalt der Vereinbarung schriftlich einverstanden erklärt und auf die Einlegung von Rechtsmitteln gegenüber den Verwaltungsakten, mit denen die Verständigungsergebnisse umgesetzt werden, verzichtet bzw. anhängige Rechtsmittel zurücknimmt[38].

Zu den Fragen einer eventuell national erforderlichen Rechtswegerschöpfung und eines Nebeneinanders von innerstaatlichen Rechtsmitteln und Verständigungsverfahren hat sich auch im Laufe der Zeit eine unterschiedliche Staatenpraxis herausgebildet. So muss sich z.B. in Schweden der Steuerpflichtige zwischen dem Verständigungs- und dem Rechtsbehelfsverfahren entscheiden[39].

In Deutschland können Verständigungs- und innerstaatliches Gerichtsverfahren gleichzeitig nebeneinander durchgeführt werden; anhängige Rechtsbehelfe oder ein noch nicht erschöpfter Rechtsweg schaden also der Durchführung eines Verständigungsverfahrens nicht[40]. Ein solches Nebeneinander von innerstaatlichen Rechtsmitteln und Verständigungsverfahren ist z.B. in Mexiko ausgeschlossen[41].

In den USA sehen die Rev. Proc. 2006-54, Sec. 7.03, vor, dass der Director International als zuständige US-Behörde nur mit Zustimmung des Associate Chief Counsel einen Antrag auf Einleitung eines Verständigungsverfahrens in einem bereits anhängigen Steuerfall annimmt. Nach dem neuen „Simultaneous Appeals Procedure" wird es allerdings dem Steuerpflichtigen gestattet, Rechtsmittel und Verständigungsverfahren gleichzeitig zu verfolgen[42].

---

[38] BMF-Schr. v. 13.7.2006, Merkblatt zum internationalen Verständigungs- und Schiedsverfahren auf dem Gebiet der Steuern vom Einkommen und vom Vermögen, BStBl. I 2006, S. 461, 466, Tz. 3.4 und 4.2; *Eilers*, in: Debatin/Wassermeyer, MA Art. 25 Rz. 34.

[39] *Lehner*, in: Vogel/Lehner, DBA, Art. 25 Rz. 95.

[40] BMF-Schr. v. 13.7.2006, BStBl. I 2006, S. 461, 464, Tz. 2.1.5; *Lehner*, in: Vogel/Lehner, DBA, Art. 25 Rz. 93; *Schaumburg*, Internationales Steuerrecht, 3. Teil Rz. 16.102.

[41] *Lehner*, in: Vogel/Lehner, DBA, Art. 25 Rz. 95.

[42] Vgl. *Lehner*, in: Vogel/Lehner, DBA, Art. 25 Rz. 94 mit weiteren Einzelheiten.

3. Voraussetzungen
a) Abkommenswidrige Besteuerung

Nach Art. 25 Abs. 1 S. 1 OECD-MA kann eine Person (das kann nach Art. 3 Abs. 1 Buchst. a OECD-MA eine natürliche Person, eine Gesellschaft oder eine andere Personenvereinigung sein[43]) ihren Fall unbeschadet der nach dem innerstaatlichen Recht vorgesehenen Rechtsmittel der „zuständigen Behörde"[44] unterbreiten, wenn sie der Auffassung ist, dass Maßnahmen eines Vertragsstaats oder beider Vertragsstaaten für sie zu einer Besteuerung führen oder führen werden, die diesem Abkommen nicht entspricht. Nach dem klaren Wortlaut („Auffassung") muss also nicht zwingend eine Doppelbesteuerung vorliegen, vielmehr genügt es, dass der Steuerpflichtige von einer nach seiner (subjektiven) Sicht eingetretenen oder drohenden abkommenswidrigen Besteuerung ausgeht[45]. Eine dem Abkommen widersprechende Besteuerung kann sich aus drei Fehlerquellen ergeben:

> ➢ aus einer falschen Auslegung und Anwendung des Abkommensrechts,
> ➢ aus einer fehlerhaften Anwendung des innerstaatlichen Rechts und
> ➢ aus unrichtigen Feststellungen zum tatsächlichen Sachverhalt[46].

Die vom Steuerpflichtigen gerügte abkommenswidrige Besteuerung muss auf Maßnahmen eines oder beider Vertragsstaaten beruhen. Solche Maßnahmen können in einem Handeln oder einem Unterlassen bestehen, sofern sie nur kausal für eine abkommenswidrige Besteuerung des den Antrag stellenden Steuerpflichtigen gewesen sind bzw. werden können[47]. Es gilt also ein weiter Maßnahmenbegriff[48]. Dem

---

[43] Zur berechtigten Person: Abschnitt b.
[44] Zur zuständigen Behörde: Abschnitt c.
[45] *Eilers*, in: Debatin/Wassermeyer, MA Art. 25 Rz. 31; *Lehner*, in: Festschrift für Wolfram Reiß zum 65. Geburtstag, S. 665, 668.
[46] *Lehner*, in: Vogel/Lehner, DBA, Art. 25 Rz. 30.
[47] *Lehner*, in: Vogel/Lehner, DBA, Art. 25 Rz. 32, 33.
[48] *Eilers*, in: Debatin/Wassermeyer, MA Art. 25 MK 14, Rz. 28.

Steuerpflichtigen ist es ferner nicht zuzumuten, den Erlass eines Steuerbescheids abzuwarten; es genügt als Anlass z.B. schon ein Betriebsprüfungsbericht, in dem Gewinnkorrekturen vorgenommen worden sind[49].

b) Antrag und Antragsberechtigung

Das Verständigungsverfahren erfordert einen Antrag bei der „zuständigen Behörde"[50]. Besondere Formvorschriften bestehen für den Antrag nicht[51]. Bereits die Antragstellung kann sich in den Vertragsstaaten in unterschiedlicher Weise auf das innerstaatliche Besteuerungsverfahren auswirken. In Deutschland hemmt der Antrag auf Einleitung eines Verständigungsverfahrens den Ablauf der Steuerfestsetzungsfrist (§ 169 Abs. 2 S. 1 Nr. 2 AO i.V.m. § 171 Abs. 3 AO), nicht aber die Rechtsmittelfristen. Ferner sind Steuerbescheide, die Gegenstand eines Verständigungsverfahrens sind, regelmäßig nicht zu vollstrecken, vielmehr ist die Vollziehung auszusetzen (§ 361 AO, § 69 FGO)[52]. Unter Umständen kann die Aussetzung der Vollziehung davon abhängig gemacht werden, dass Sicherheiten in beiden Vertragsstaaten geleistet werden[53].

Antragsberechtigt sind in erster Linie Personen, die in einem der beiden Vertragsstaaten ansässig und somit im Sinne des Art. 1 OECD-MA abkommensberechtigt sind. Darüber hinaus können nach deutscher Vertragspraxis[54] unter Umständen auch nicht abkommensberechtigte Personen antragsberechtigt sein, z.B. wenn sie in Haftungsfällen von einer abkommenswidrigen Besteuerung möglicherweise mitbetroffen sind[55].

---

[49] *Eilers*, in: Debatin/Wassermeyer, MA Art. 25 Rz. 28.
[50] Zur zuständigen Behörde: Abschnitt c.
[51] *Eilers*, in: Debatin/Wassermeyer, MA Art. 25 Rz. 25.
[52] *Eilers*, in: Debatin/Wassermeyer, MA Art. 25 Rz. 35.
[53] *Lehner*, in: Vogel/Lehner, DBA, Art. 25 Rz. 42.
[54] BMF-Schr. v. 13.7.2006, Merkblatt zum internationalen Verständigungs- und Schiedsverfahren auf dem Gebiet der Steuern vom Einkommen und vom Vermögen, BStBl. I 2006, S. 461, 463, Tz. 2.1.2.
[55] *Lehner*, in: Festschrift für Wolfram Reiß zum 65. Geburtstag, S. 665, 668.

Nach Art. 4 Abs. 1 S. 1 OECD-MA ist unter einer in einem Vertrags-staat ansässigen Person eine Person zu verstehen, die nach dem Recht dieses Staats dort aufgrund ihres Wohnsitzes, ihres ständigen Aufent-halts, des Orts ihrer Geschäftsleitung oder eines ähnlichen Merkmals steuerpflichtig ist. Besonderheiten gelten bei Gesellschaften. Die An-tragsberechtigung hängt hier davon ab, ob die Gesellschaft selbst Steuersubjekt ist. Ist dies nicht der Fall, sind die Gesellschafter als steuerpflichtige Personen antragsberechtigt[56]. Ist eine natürliche Per-son in beiden Vertragsstaaten ansässig, gelten die besonderen Krite-rien nach Art. 4 Abs. 2 OECD-MA, die an eine überwiegende Bin-dung an einen Vertragsstaat anknüpfen[57].

Die Antragsberechtigung im Falle einer Verlegung des Wohnsitzes oder einer Verletzung des Diskriminierungsverbots nach Art. 24 OECD-MA wird im folgenden Abschnitt behandelt.

c)   **Zuständige Behörde**

Der Antrag muss bei der „zuständigen Behörde" (Art. 3 f OECD-MA) gestellt werden. Zuständige Behörde ist grundsätzlich die mit dem Verständigungsverfahren betraute Behörde des Vertragsstaats, in dem der Steuerpflichtige ansässig ist. Welche dies ist, wird in allen deut-schen Abkommen für beide Vertragsstaaten definiert. Für Deutschland ist seit September 2004 die zuständige Behörde das Bundeszentralamt für Steuern, das gemäß § 5 Abs. 1 Nr. 5 FVG vom Bundesfinanzmini-sterium beauftragt worden ist, das Verständigungsverfahren durchzu-führen[58]. Der Antrag kann aber auch beim örtlich zuständigen Finanz-amt gestellt werden[59].

Bei einer Doppelansässigkeit richtet sich die Zuständigkeit nach Art. 4 Abs. 2 OECD-MA. Lässt sich in Anwendung der Kriterien dieser

---

[56] *Lüthi*, in: Gosch/Kroppen/Grotherr, DBA, Art.25 OECD-MA Rn. 25.
[57] Hierzu: Abschnitt c.
[58] *Lehner*, in: Vogel/Lehner, DBA, Art. 25 Rz. 55; *Portner*, IFSt-Schrift Nr. 430, S. 83.
[59] BMF-Schr. v. 13.7.2006, BStBl. I 2006, S. 461, 464, Tz. 2.1.4; *Schaumburg*, In-ternationales Steuerrecht, 3. Teil Rz. 16.96.

Vorschrift nicht auf eine überwiegende Bindung an einen Vertragsstaat schließen, ist der abkommensrechtliche Wohnsitz in gegenseitigem Einvernehmen der Vertragsstaaten zu bestimmen. Für diesen Fall billigt das Schrifttum in Ermangelung einer eindeutig zuständigen Behörde dem Steuerpflichtigen das Recht zu, zwischen den zuständigen Behörden beider Vertragsstaaten zu wählen[60].

Bei einer Verlegung des Wohnsitzes von einem Vertragsstaat in den anderen Vertragsstaat nach Eintritt der abkommenswidrigen Besteuerung muss der Antrag an den früheren Wohnsitzstaat gerichtet werden[61].

Eine wichtige Ausnahme vom Ansässigkeitskriterium gilt für den Fall einer Verletzung des Gleichbehandlungsgebots nach Art. 24 OECD-MA. Hier kann der Steuerpflichtige auch bei fehlender Ansässigkeit in einem der beiden Vertragsstaaten den Antrag an den Vertragsstaat richten, dessen Staatsangehörigkeit er besitzt, und zwar selbst dann, wenn der andere Vertragsstaat nach Auffassung des Steuerpflichtigen den Gleichbehandlungsgrundsatz verletzt hat[62].

Welche Behörde bei Gewinnberichtigungen verbundener Unternehmen (Art. 9 OECD-MA) zuständig ist, wird unter C IV erläutert.

d) Antragsfrist

Nach Art. 25 Abs. 1 S. 2 OECD-MA muss der Antrag innerhalb von drei Jahren nach der ersten Mitteilung der Maßnahme (i.d.R. Bekanntgabe des Steuerbescheids[63]) gestellt werden, die zu der abkommenswidrigen Besteuerung führt oder führen kann. Diese Frist ist als Min-

---

[60] *Lehner*, in: Vogel/Lehner, DBA, Art. 25 Rz. 35; *Lüthi*, in: Gosch/Kroppen/Grotherr, DBA, Art.25 OECD-MA Rn. 25.

[61] *Lüthi*, in: Gosch/Kroppen/Grotherr, DBA, Art.25 OECD-MA Rn. 27.

[62] *Lüthi*, in: Gosch/Kroppen/Grotherr, DBA, Art.25 OECD-MA Rn. 26; *Lehner*, in: Festschrift für Wolfram Reiß zum 65. Geburtstag, S. 665, 668.

[63] Zu besonderen Fällen: *Lehner*, in: Vogel/Lehner, DBA, Art. 25 Rz. 38.

destfrist zu verstehen[64]. Den Vertragsstaaten steht es frei, eine längere Frist vorzusehen oder gänzlich auf sie in ihrem DBA zu verzichten[65], wenn das innerstaatliche Recht längere Fristen vorsieht oder auf eine Befristung verzichtet. Enthält das anzuwendende DBA keine Fristenregelung, kann ein Vertragsstaat sich auch an seinen innerstaatlichen Verjährungsfristen orientieren[66].

Die deutsche Finanzverwaltung lehnt die Einleitung eines Verständigungsverfahrens grundsätzlich ab, wenn der Steuerpflichtige eine Zeit von mehr als vier Jahren zwischen der Bekanntgabe der zu beurteilenden Maßnahmen und dem Antrag auf Eröffnung des Verständigungsverfahrens hat verstreichen lassen[67].

4. Ausschlussgründe

Einige Vertragsstaaten weigern sich in der Praxis manchmal, einen Fall im Verständigungsverfahren zu überprüfen, obwohl scheinbar alle Voraussetzungen für dessen Durchführung erfüllt sind. Insbesondere sind hierfür folgende, beispielhaft aufgeführte Ausschlussgründe von Relevanz:

> *Rechtsmissbrauch*: Einige Staaten lehnen die Durchführung eines Verständigungsverfahrens mit der Begründung ab, die Inanspruchnahme von Rechten aus dem Abkommen sei missbräuchlich.

> *Mangelhafte Erfüllung von Aufklärungspflichten*: Einige Staaten (Deutschland, Griechenland, Niederlande und Österreich) leiten ein Verständigungsverfahren nicht ein, wenn der Steuer-

---

[64] *Lüthi*, in: Gosch/Kroppen/Grotherr, DBA, Art.25 OECD-MA Rn. 48; *Frotscher*, Internationales Steuerrecht, § 20 Rz. 762; *Strobl/Zeller*, StuW 1978, S. 244, 248.

[65] So sieht etwa das US-MA keine Frist vor; vgl. *Lehner*, in: Vogel/Lehner, DBA, Art. 25 Rz. 39, 50.

[66] *Lüthi*, in: Gosch/Kroppen/Grotherr, DBA, Art.25 OECD-MA Rn. 48.

[67] BMF-Schr. v. 13.7.2006, BStBl. I 2006, S. 461, 464, Tz. 2.2.3; *Lehner*, in: Vogel/Lehner, DBA, Art. 25 Rz. 38; *Lüthi*, in: Gosch/Kroppen/Grotherr, DBA, Art.25 OECD-MA Rn. 48.

pflichtige seiner Verpflichtung zur Sachverhaltsaufklärung nur mangelhaft nachkommt[68].

➤ *Keine vollständige Entrichtung geschuldeter Schulden*: Manche Staaten leiten ein Verständigungsverfahren nicht ein, wenn der Steuerpflichtige geschuldete Steuern noch nicht vollständig bezahlt hat.

➤ *Bestands- oder rechtskräftige Entscheidungen*: Teilweise wird ein Verständigungsverfahren nicht eingeleitet, wenn bestands- oder rechtskräftige Entscheidungen vorliegen, weil dann eine Korrektur der abkommenswidrigen Besteuerung nicht mehr in Betracht kommt[69]. In Deutschland können auch bestandskräftige Steuerbescheide nach § 175a AO an ein Verständigungsergebnis angepasst werden.

5. Anspruch auf Einleitung eines Verständigungsverfahrens?

Es ist umstritten, ob ein Anspruch auf Durchführung eines Verständigungsverfahrens besteht, bzw. ob die Einleitung des Verständigungsverfahrens im Ermessen der angerufenen Behörde steht.

Eine Mindermeinung[70] bejaht einen gebundenen Anspruch auf Durchführung eines Verständigungsverfahrens. Nach *Gloria* besteht ein Anspruch auf Durchführung eines Verständigungsverfahrens, wenn der Steuerpflichtige einen Anspruch auf diplomatischen Schutz in der Ausprägung hat, die ihm durch die Verständigungsklauseln der DBA verliehen worden ist[71]. *Schaumburg* zufolge ergibt eine Analyse der von Deutschland abgeschlossenen DBA, dass die hierin enthaltenen Verständigungsklauseln dem Antragssteller im Ergebnis einen Rechts-

---

[68] BMF-Schr. v. 13.7.2006, BStBl. I 2006, S. 461, 467, Tz. 8.2; *Lehner*, in: Vogel/Lehner, DBA, Art. 25 Rz. 91.

[69] *Lehner*, in: Vogel/Lehner, DBA, Art. 25 Rz. 91. Zu weiteren Gründen: *Lüthi*, in: Gosch/Kroppen/Grotherr, DBA, Art.25 OECD-MA Rn. 60.

[70] *Schaumburg*, Internationales Steuerrecht, 3. Teil, Rz. 16.101; *Gloria*, StuW 1989, S. 138, 139.

[71] *Gloria*, StuW 1989, S. 138, 139.

anspruch auf Durchführung eines Verständigungsverfahrens vermittelten. Selbst wenn solche Klauseln unmittelbar keinen gebundenen Anspruch gewährten, würde sich der Ermessensspielraum der Behörde aufgrund der dem Heimatstaat obliegenden diplomatischen Schutzpflicht auf Null reduzieren. Im Übrigen leite sich ein gebundener Anspruch auf Einleitung eines Verständigungsverfahrens auch aus dem allgemeinen Gleichheitssatz (Art. 3 Abs. 1 GG) und dem daraus abgeleiteten Gebot der Besteuerung nach der wirtschaftlichen Leistungsfähigkeit ab[72].

Die herrschende Meinung[73] geht allerdings dahin, dass der Steuerpflichtige keinen gebunden Anspruch, sondern lediglich einen Anspruch auf eine fehlerfreie Ermessensausübung der Behörde bei der Entscheidung über die Einleitung eines Verständigungsverfahrens hat[74]. Dem ist aus folgenden Gründen zuzustimmen:

Das Verständigungsverfahren ist seinem Wesen nach kein Rechtsbehelfsverfahren im Sinne nationaler steuerrechtlicher Verfahrensvorschriften[75], sondern ein Instrument der bilateralen völkerrechtlichen Streitbeilegung zwischen den beteiligten Vertragsstaaten. DBA beschränken in erster Linie die Ausübung der Besteuerungsgewalt durch die Vertragsstaaten; es geht also um die internationale Verteilung des Steuerguts zwischen Wohnsitz- und Quellenstaat[76]. Der Steuerpflichtige hat aber in dieser Verteilungsfrage keinen originären Rechtsstatus. Konsequenter Weise ist der Steuerpflichtige darum, normativ betrachtet, kein Beteiligter am Verständigungsverfahren, auch wenn ihm innerstaatlich zumindest in Deutschland weitgehende Mitwirkungsmöglichkeiten eingeräumt werden.

---

[72] *Schaumburg*, Internationales Steuerrecht, 3. Teil, Rz. 16.101.

[73] BFH, Urt. v. 26.5.1982, I R 16/78, BStBl. II 1982, S. 583, 586; *Eilers*, in: Debatin/Wassermeyer, MA Art. 25 Rz. 4; *Lehner*, in: Vogel/Lehner, DBA, Art. 25 Rz. 90; *Lüthi*, in: Gosch/Kroppen/Grotherr, DBA, Art.25 OECD-MA Rn. 57, 59, 61; *Frotscher*, Internationales Steuerrecht, § 20 Rz. 763; *Ismer*, IStR 2003, S. 394; *van Randenborgh/Seidenfus*, INF 1996, S. 481, 484; *Strobl/Zeller*, StuW 1978, S. 244, 250; *Valentin*, EFG 2001, S. 29, 30.

[74] *Lehner*, in: Vogel/Lehner, DBA, Art. 25 Rz. 90 m.w.N.

[75] BFH, Urt. v. 26.5.1982, I R 16/78, BStBl. II 1982, S. 583, 585.

[76] *Lüthi*, in: Gosch/Kroppen/Grotherr, DBA, Art.25 OECD-MA Rn. 12; *Ismer*, IStR 2003, S. 394.

Es gibt folglich keinen gebundenen Rechtsanspruch darauf, im Rahmen des Verständigungsverfahrens die Frage klären zu lassen, ob eine Doppelbesteuerung oder eine abkommenswidrige Besteuerung vorliegt. Doch bleibt immer die Möglichkeit, den nationalen Steuerbescheid mit innerstaatlichen Rechtsmitteln anzugreifen. Letztlich wäre es auch wenig plausibel, wenn zwischen den Behörden keine Verpflichtung zur Einigung besteht („sich bemühen", vgl. Art. 25 Abs. 1 OECD-MA), wohl aber eine Verpflichtung zur Verfahrensdurchführung[77].

Es besteht indessen ein gerichtlich überprüfbarer Anspruch auf fehlerfreie Ermessensausübung bei der Entscheidung, ob ein Verständigungsverfahren eingeleitet wird. Letztlich stellt sich die Frage, in welchen Fällen der Ermessensspielraum der Antragsbehörde derart schrumpft, dass der Steuerpflichtige im Ergebnis doch einen Anspruch auf die Einleitung eines Verständigungsverfahrens hat (Ermessensreduzierung auf Null). Diese Frage war quasi in umgekehrter Version Gegenstand einer finanzgerichtlichen Auseinandersetzung. So hat das Finanzgericht Hamburg mit rechtskräftigem Urteil vom 13. Juli 2000[78] einen Fall, in dem die Behörden ein Verständigungsverfahren ablehnten, zu Lasten eines Steuerpflichtigen entschieden.

Der Kläger war als deutscher Schiffsoffizier auf einem im internationalen Handelsverkehr eingesetzten Seeschiff tätig. Das Schiff wurde von einer deutschen Reederei betrieben. Seinen Arbeitsvertrag hatte der Kläger jedoch mit einer zypriotischen Firma. Die deutsche Rechtsprechung hatte bereits früher entschieden, dass das Besteuerungsrecht für den Arbeitslohn Deutschland zustehe, weil die Reederei als maßgebliches Unternehmen im Inland ansässig war. Auch Zypern ging grundsätzlich von einem eigenen Besteuerungsrecht aus, übte es aber nicht aus (so genannte virtuelle Doppelbesteuerung). Der Kläger beantragte, ein Verständigungsverfahren zwischen Deutschland und Zypern zu eröffnen. Die Behörde lehnte dies mit der Begründung ab, Deutschland habe sich abkommensgerecht verhalten.

---

77 *Ismer*, IStR 2003, S. 394.
78 FG Hamburg, Urt. v. 13.7.2000, V 2/97, EFG 2001, S. 27.

Das Finanzgericht Hamburg wies die Klage gegen die Versagung der Verfahrenseröffnung ab. Die Einschätzung der Behörden, ein Verständigungsverfahren sei derzeit aussichtslos, sei so schwerwiegend, dass jede andere Entscheidung als die vorliegende Ablehnung der Einleitung eines Verständigungsverfahrens nicht ermessensgerecht wäre. Damit liege eine Ermessensreduzierung auf Null vor, allerdings im Sinne einer zwingenden Versagung der Verfahrenseinleitung[79].

Das Urteil wird im Schrifttum hinsichtlich der Ausführungen zur Ermessensreduzierung auf Null kritisiert[80]. Eine derartige Ermessensschrumpfung sei nur dann in Betracht zu ziehen, wenn wirklich jede andere Entscheidung als die gefällte falsch gewesen wäre. Oder mit anderen Worten: Die Behörden hätten rechtswidrig gehandelt, wenn sie dem Antrag auf Einleitung eines Verständigungsverfahrens stattgegeben hätten. Diese Annahme träfe in diesem Fall jedoch nicht zu. Der Kläger konnte seinen Antrag nur bei der Wohnsitzbehörde stellen. Diese wäre durchaus befugt gewesen, ein Verständigungsverfahren einzuleiten, wenn dem anderen Vertragsstaat (Zypern) abkommenswidriges Handeln vorzuwerfen gewesen wäre[81]. Für eine Ermessensreduzierung auf Null hätte aber jede andere Entscheidung (Antragsstattgabe) für die Behörde ermessensfehlerhaft sein müssen. Die Einleitung eines Verständigungsverfahrens könne aber auch bei geringen Erfolgsaussichten schon deshalb zweckmäßig und ermessensgerecht sein, weil mit diesem Instrument unabhängig vom Ergebnis der Verhandlungen mögliche Vertragsverstöße bilateral beleuchtet würden.

Ähnliches nehmen Stimmen in der Literatur und auch der Bundesfinanzhof für den umgekehrten Fall an. Ein Antragsteller habe allenfalls in extremen Ausnahmefällen einen gebundenen Anspruch auf Einleitung des Verständigungsverfahrens über die Konstruktion der Ermessensreduzierung auf Null[82]. Naturgemäß müsse einer zum Handeln im zwischenstaatlichen Bereich berufenen Behörde ein weiter Ermessensspielraum zugestanden werden[83].

---

[79] FG Hamburg, Urt. v. 13.7.2000, V 2/97, EFG 2001, S. 27, 29.
[80] *Ismer*, IStR 2003, S. 394, 395.
[81] *Ismer*, IStR 2003, S. 394, 395.
[82] *Lehner*, in: Vogel/Lehner, DBA, Art. 25 Rz. 90.
[83] BFH, Urt. v. 26.5.1982, I R 16/78, BStBl. II 1982, S. 583, 586.

Diese sehr restriktive Einstellung wird der Anweisung in den DBA, die Vertragsstaaten hätten sich um eine Verständigung „zu bemühen" nicht gerecht. Vielmehr muss hieraus gefolgert werden, dass im Zweifel dem Antrag auf Einleitung eines Verständigungsverfahrens stattgegeben werden muss und eine Ablehnung nur damit gerechtfertigt werden kann, dass der Steuerpflichtige selbst nicht „voll" zu seinem Antrag steht (etwa in Gestalt unzureichender Sachaufklärung) oder eine Änderung der Haltung des anderen Vertragsstaats realistischer Weise nicht zu erwarten ist. Keine Entschuldigung sind jedenfalls Arbeitsüberlastung oder Übersetzungsprobleme auf Seiten der deutschen Verwaltung.

6. Die drei Stufen des Verständigungsverfahrens
a) Vorprüfungs- und Abhilfeverfahren

Auf der ersten Stufe des Verfahrens (Vorprüfungs- und Abhilfeverfahren[84]) prüft die Behörde, ob die Einwendung des Steuerpflichtigen gerechtfertigt erscheint und ob ihr durch innerstaatliche Maßnahmen abgeholfen werden kann[85]. Die Einwendung im Verständigungsverfahren hat keine aufschiebende Wirkung, so dass sie weder den Eintritt der Rechtskraft noch die Vollstreckung der angefochtenen Maßnahmen verhindern kann[86]. Den Steuerpflichtigen treffen Aufklärungs- und Mitwirkungspflichten, insbesondere die erhöhte Mitwirkungspflichten bei der Aufklärung von Auslandssachverhalten nach § 90 Abs. 2 AO[87].

b) Verständigungsverfahren im eigentlichen Sinne

Wenn eine Abhilfe durch innerstaatliche Maßnahmen ausgeschlossen ist, weil die abkommenswidrige Besteuerung auf eine Maßnahme des

---

[84] *Lehner*, in: Vogel/Lehner, DBA, Art. 25 Rz. 71, 76; *Schaumburg*, Internationales Steuerrecht, 3. Teil Rz. 16.99, 16.100.
[85] *Frotscher*, Internationales Steuerrecht, § 20 Rz. 763.
[86] *Lüthi*, in: Gosch/Kroppen/Grotherr, DBA, Art.25 OECD-MA Rn. 43.
[87] *Lehner*, in: Vogel/Lehner, DBA, Art. 25 Rz. 76.

anderen Vertragsstaats zurückzuführen ist, setzt sich die angerufene Behörde auf der zweiten Stufe des Verfahrens mit der zuständigen Behörde dieses Staats in Verbindung. Jetzt beginnt das Verständigungsverfahren im eigentlichen Sinne (eigentliches Verständigungsverfahren[88]).

Es besteht aus einem schriftlichen und gegebenenfalls auch mündlichen Austausch von Sachinformationen und Rechtsansichten mit dem Ziel, zu einer übereinstimmenden Beurteilung oder wenigstens einem Kompromiss zu gelangen. Dieser Austausch und das Einigungsbemühen entwickeln sich in der Praxis leider oftmals zu einem quälend langwierigem und umständlichen Prozess. Auf deutscher Seite wirken sich in dieser Hinsicht die fördernde Struktur, der in der Regel lange Instanzenweg „hin und zurück" (Betriebsprüfungsstelle, Finanzamt, Oberfinanzdirektion, Landesministerium, Bundeszentralamt für Steuern) sowie das Übersetzungsproblem sehr hemmend aus.

Es wäre in Erwägung zu ziehen, ob die angerufene Behörde nicht auch ohne Korrespondenz mit der ausländischen Behörde durch eine nationale Billigkeitsmaßnahme dem Steuerpflichtigen helfen könnte. Nach der Rechtsprechung des Bundesfinanzhofs kann jedoch ein Billigkeitserlass wegen sachlicher Härte nur in dem Staat erfolgen, durch dessen Besteuerung und Steuersystem die Härte verursacht worden ist[89]. Es ist deshalb nicht ermessensfehlerhaft, wenn die deutsche Finanzverwaltung in diesen Fällen einen Billigkeitserlass ablehnt. Im Übrigen würde eine solche Billigkeitsmaßnahme nichts an der abkommenswidrigen Besteuerung des anderen Staats ändern[90].

c)   Nationale Umsetzung der Verständigung

Als dritte Stufe des Verständigungsverfahrens kann man die Umsetzung der erreichten Verständigung durch die Behörden bezeichnen. Hat das das Verständigungsverfahren zu einer von der bisherigen nationalen Steuerfestsetzung abweichenden Einigung geführt, ist die na-

---

[88]   *Lehner*, in: Vogel/Lehner, DBA, Art. 25 Rz. 71.
[89]   BFH, Urt. v. 25.2.1970, I 192/65, BStBl. II 1970, S. 392, 394.
[90]   *Lehner*, in: Vogel/Lehner, DBA, Art. 25 Rz. 79.

tionale Steuer entsprechend neu festzusetzen, unabhängig von Bestandskraft und Festsetzungsfrist (§ 175a AO). Völkerrechtlich ist die Einigung für den Steuerpflichtigen nicht bindend. Die Behörden sind hingegen verpflichtet, die Einigung in innerstaatliches Recht umzusetzen[91].

Da sich die beteiligten Behörden lediglich um eine Einigung zu „bemühen" haben, ein Einigungszwang völkerrechtlich also nicht besteht, kann das Verfahren aber auch mit einer Nichteinigung enden[92] – eine der großen Schwächen des Verständigungsverfahrens, die sich nur durch einen verbindlichen Schiedsspruch beheben lässt.

7.   Stellung des Steuerpflichtigen im Verfahren

Am Verständigungsverfahren nach Art. 25 Abs. 2 OECD-MA ist der Steuerpflichtige selbst grundsätzlich nicht beteiligt[93], da er insoweit kein Akteur ist. In der Praxis wird jedoch dem Steuerpflichtigen zumeist die Möglichkeit eingeräumt, sich zum Stand der Verhandlungen gegenüber „seiner" zuständigen Behörde zu äußern[94]. So spricht sich auch der amtliche OECD-Kommentar[95] dafür aus, dass die Vertragsstaaten verpflichtet sein sollten, den Steuerpflichtigen gewisse wesentliche Rechte zuzubilligen, wie etwa das Recht, Erklärungen abzugeben oder einen Rechtsbeistand heranzuziehen.

---

[91]   *van Randenborgh/Seidenfus*, INF 1996, S. 481, 485.
[92]   *Eilers*, in: Debatin/Wassermeyer, MA Art. 25 Rz. 54; *Lehner*, in: Vogel/Lehner, DBA, Art. 25 Rz. 88, 89; *Frotscher*, Internationales Steuerrecht, § 20 Rz. 764; *Menck*, in: Mössner, Steuerrecht international tätiger Unternehmen, Rz. D 41 S. 609; *Schaumburg*, Internationales Steuerrecht, 3. Teil, Rz. 16.91; *Bödefeld/-Kuntschik*, IStR 2009, S. 449; *Ismer*, IStR 2009, S. 366, 369; *Krabbe*, RIW 1982, S. 269.
[93]   BMF-Schr. v. 13.7.2006, BStBl. I 2006, S. 461, 466, Tz. 3.3.1; *Lehner*, in: Vogel/Lehner, DBA, Art. 25 Rz. 24; *Schaumburg*, Internationales Steuerrecht, 3. Teil, Rz. 16.90; *van Randenborgh/Seidenfus*, INF 1996, S. 481, 485.
[94]   *Frotscher*, Internationales Steuerrecht, § 20 Rz. 764; *Lehner*, in: Festschrift für Wolfram Reiß zum 65. Geburtstag, S. 665, 670, 671.
[95]   OECD, MA-Kommentar, Ziffer 42.

So sieht dies auch das amtliche Merkblatt zum internationalen Verständigungs- und Schiedsverfahrens[96] vor. Danach ist der Steuerpflichtige berechtigt, Anträge zu stellen, sich zu den für die Verständigung erheblichen Tatsachen und Rechtsfragen zu äußern und sich durch einen Bevollmächtigen vertreten zu lassen; zudem soll das Bundeszentralamt für Steuern den Steuerpflichtigen über den Stand und den Fortgang des Verfahrens unterrichten[97]. Ein Akteneinsichtsrecht besteht hingegen nicht[98].

8. Rechtsmittel nach deutschem Recht
a) Keine Einlassung auf ein Verständigungsverfahren

Gegen eine ablehnende Ermessensentscheidung der Behörde (sich also von vornherein nicht auf ein Verständigungsverfahren einzulassen) ist in Deutschland der Finanzrechtsweg gemäß § 33 Abs. 1 Nr. 1, Abs. 2 FGO am Wohnsitz des Klägers (§ 38 Abs. 2 FGO) gegeben[99]. Ein Vorverfahren im Sinne von § 44 Abs. 1 FGO ist wegen § 348 Nr. 3 AO nicht statthaft[100]. Der Steuerpflichtige kann gemäß § 40 Abs. 1 FGO auf Einleitung eines Verständigungsverfahrens klagen[101]. Beklagter ist nach § 63 Abs. 1 Nr. 2 FGO das Bundeszentralamt für Steuern[102].

Die Wahl der richtigen Klageart ist nicht unproblematisch. Denkbar wäre eine Verpflichtungsklage in Gestalt der Versagungsgegenklage

---

[96] BMF-Schr. 13.7.2006, BStBl. I 2006, S. 461, 466, Tz. 3.3.1.

[97] BMF-Schr. 13.7.2006, BStBl. I 2006, S. 461, 466, Tz. 3.3.1; *Lehner*, in: Festschrift für Wolfram Reiß zum 65. Geburtstag, S. 665, 670, 671.

[98] *Menck*, in: Mössner, Steuerrecht international tätiger Unternehmen, Rz. D 45 S. 611; *van Randenborgh/Seidenfus*, INF 1996, S. 481, 484.

[99] *Lehner*, in: Vogel/Lehner, DBA, Art. 25 Rz. 92; *Leising*, IStR 2002, S. 114, 115.

[100] BFH, Urt. v. 26.5.1982, I R 16/78, BStBl. II 1982, S. 583, 585; *Lehner*, in: Vogel/Lehner, DBA, Art. 25 Rz. 92; *Leising*, IStR 2002, S. 114, 115.

[101] BFH, Urt. v. 26.5.1982, I R 16/78, BStBl. II 1982, S. 583, 584; *Frotscher*, Internationales Steuerrecht, § 20 Rz. 763.

[102] *Leising*, IStR 2002, S. 114, 115.

(§ 40 Abs. 1, 2.Fall FGO)[103], der Bundesfinanzhof hält aber auch eine allgemeine Leistungsklage für möglich[104].

Für eine Verpflichtungsklage müsste die versagende Behördenentscheidung als Verwaltungsakt gemäß § 118 S. 1 AO einzustufen sein. Ein Tatbestandsmerkmal des Verwaltungsakts ist die „unmittelbare Rechtswirkung nach außen", die vorliegt, wenn eine Maßnahme auf die „Setzung" einer Rechtsfolge für eine Person in der Weise gerichtet ist, dass sie ihren Rechtskreis erweiternd, verringernd oder feststellend gestaltet[105].

Zwei Umstände scheinen auf den ersten Blick gegen die Außenwirkung und damit gegen einen Verwaltungsakt zu sprechen: Das Bundeszentralamt für Steuern kann ein Verständigungsverfahren einleiten, ohne den Steuerpflichtigen zu informieren, so dass das Wirksamkeitserfordernis der Bekanntgabe eines Verwaltungsakts nach § 124 Abs. 1 S. 1 AO fehlen würde. Des Weiteren ließe sich argumentieren, dass ein Verständigungsverfahren den Rechtskreis des Steuerpflichtigen nicht erweitert, da dieser kein Verfahrensbeteiligter ist[106].

Diese Argumente erscheinen aber nicht stichhaltig. Eine fehlende Bekanntgabe würde einem bestehenden Verwaltungsakt lediglich die Wirksamkeit nehmen, ihn aber nicht seiner Verwaltungsaktsqualität berauben. Zudem darf die Aussage, der Rechtskreis des Steuerpflichtigen würde durch das Verständigungsverfahren nicht erweitert werden, bezweifelt werden. Wie der Bundesfinanzhof betont hat, steht beim Verständigungsverfahren auch der Individualrechtsschutz im Vordergrund[107]. Ein DBA regelt den Umfang der Besteuerungsrechte der an ihm beteiligten Vertragsstaaten und ist somit auf den Innenbereich der Staaten beschränkt. Innerstaatliche Rechtsmittel erweisen sich gegenüber einer Doppelbesteuerung bzw. Abkommenswidrigkeit zumeist als wirkungslos. Auch wenn das Verständigungsverfahren kein Rechtsbehelfsverfahren im Sinne nationaler Verfahrensvorschriften

103 So das FG Nürnberg, Urt. v. 3.11.1977, VI (V) 80/70, EFG 1978, S. 157.
104 BFH, Urt. v. 26.5.1982, I R 16/78, BStBl. II 1982, S. 583, 585.
105 *Leising*, IStR 2002, S. 114, 115.
106 Vgl. *Leising*, IStR 2002, S. 114, 115.
107 BFH, Urt. v. 7.11.1990, II R 17/86, BStBl. II 1991, S. 163, 165.

darstellt, erweitert es dennoch den Rechtsschutz des Steuerpflichtigen. Der Steuerpflichtige kann Einfluss auf einen abkommenswidrigen Besteuerungszustand nehmen. Gleichzeitig verbessert das Verständigungsverfahren auch die verfahrensrechtliche Stellung des Steuerpflichtigen: Gemäß § 175a S. 1 AO ist ein Steuerbescheid zu erlassen, aufzuheben oder zu ändern, soweit dies zur Umsetzung einer Verständigungsvereinbarung geboten ist. Gemäß § 175a S. 2 AO endet die Festsetzungsfrist insoweit nicht vor Ablauf eines Jahres nach dem Wirksamwerden der Verständigungsvereinbarung.

Im Ergebnis lässt sich damit feststellen, dass die Entscheidung über die Einleitung eines Verständigungsverfahrens die Rechtsstellung des Steuerpflichtigen doch erweitert und damit Außenwirkung hat. Da auch die anderen Tatbestandsmerkmale des § 118 S. 1 AO erfüllt sind, liegt ein Verwaltungsakt vor, so dass die Verpflichtungsklage (§ 40 Abs. 1, 2. Fall FGO) die richtige Klageart darstellt[108].

b)   Verständigungsvereinbarung

Grundsätzlich kann ein Steuerpflichtiger auch nach erfolgreicher Verständigung gegen einen Steuerbescheid, der die Einigung umsetzt, Rechtsbehelfe einlegen und vor den Finanzgerichten klagen.

Allerdings kann nach den deutschen Verwaltungsanweisungen[109] der formelle Abschluss des Verständigungsverfahrens unter den Vorbehalt gestellt werden, dass der Steuerpflichtige sich mit dem Inhalt der Vereinbarung schriftlich einverstanden erklärt und auf die Einlegung von Rechtsmitteln gegenüber den Verwaltungsakten, mit denen die Verständigungsergebnisse umgesetzt werden, verzichtet bzw. anhängige Rechtsmittel zurücknimmt.

---

[108] *Leising*, IStR 2002, S. 114, 115.
[109] BMF-Schr. v. 13.7.2006, Merkblatt zum internationalen Verständigungs- und Schiedsverfahren auf dem Gebiet der Steuern vom Einkommen und vom Vermögen, BStBl. I 2006, S. 461, 466, Tz. 3.4 und 4.2; *Eilers*, in: Debatin/-Wassermeyer, MA Art. 25 Rz. 34; *Krabbe*, DStZ 1995, S. 627, 628.

c)   Änderung oder Aufhebung eines Steuerbescheids

Wird ein Steuerbescheid aufgrund einer Verständigungsvereinbarung nach § 175a AO geändert oder aufgehoben, kann der Steuerpflichtige hiergegen, soweit die Änderung reicht, Einspruch einlegen und vor den Finanzgerichten klagen[110]. Ein etwaiger vorheriger Rechtsbehelfsverzicht nach § 354 Abs. 1a AO, eine Rücknahme des Einspruchs nach § 362 Abs. 1a AO oder eine vorherige Rücknahme der Klage nach § 72 Abs. 1a FGO stehen dem nicht entgegen[111].

9.   Qualität der Verständigungsvereinbarung

Nach herrschendem deutschem Rechtsverständnis ist die Verständigungsvereinbarung als ein für die Gerichte nicht bindendes Verwaltungsabkommen im Sinne des Art. 59 Abs. 2 S. 2 GG einzustufen[112]. Sie kann nach allerdings umstrittener Auffassung die Rechtskraft eines bestehenden Gerichtsurteils nicht durchbrechen[113] und hindert die deutschen Gerichte auch nicht daran, eine von den Verständigungsergebnissen abweichende Entscheidung zu fällen[114]. Lediglich die Finanzbehörden sind an die Verständigungsergebnisse gebunden. Zudem besteht eine Verpflichtung, die Verständigungsergebnisse in innerstaatliches Recht umzusetzen.

III.   Konsultationsverfahren (Art. 25 Abs. 3 OECD-MA)
1.   Regelungsumfang

Art. 25 Abs. 3 OECD-MA behandelt zwei Arten von Konsultationsverfahren. Das Konsultationsverfahren nach Satz 1 dieser Vorschrift ist darauf gerichtet, Schwierigkeiten oder Zweifel, die bei der Ausle-

---

[110] *Frotscher*, Internationales Steuerrecht, § 20 Rz. 765.
[111] *Frotscher*, Internationales Steuerrecht, § 20 Rz. 765.
[112] *Schaumburg*, Internationales Steuerrecht, 3. Teil Rz. 16.91; *Portner*, IStR 2008, S. 584, 587.
[113] *Lehner*, in: Vogel/Lehner, DBA, Art. 25 Rz. 132.
[114] Keine Außenwirkung gegenüber der Rechtsprechung: *van Randenborgh/Seidenfus*, INF 1996; S. 481, 485.

gung oder Anwendung des Abkommens entstehen, in gegenseitigem Einvernehmen zu beseitigen (konkretes Konsultationsverfahren). Nach Satz 2 dieser Bestimmung können die Behörden auch gemeinsam darüber beraten, wie eine Doppelbesteuerung in Fällen vermieden werden kann, die im Abkommen nicht behandelt sind, es können also auch Regelungslücken in DBA geschlossen werden (abstraktes Konsultationsverfahren)[115].

Anders als das Verständigungsverfahren im engeren Sinne können im Konsultationsverfahren nach Art. 25 Abs. 3 OECD-MA umfassende Anwendungs- oder Auslegungsfragen geklärt werden, ohne dass es zwangsläufig auf einen konkreten Einzelfall wie beim Verständigungsverfahren im engeren Sinne nach Art. 25 Abs. 1 und 2 OECD-MA ankommen müsste[116]. Schließlich besteht auch die Möglichkeit, dass ein Verständigungsverfahren im engeren Sinne in ein Konsultationsverfahren übergeht bzw. mit diesem verbunden wird[117]. Ziel der Konsultationsverfahren ist es, DBA im Sinne wünschenswerter Regelungshomogenität gleichmäßig auszulegen und anzuwenden. In diesem Sinne können neben Rechtsfragen wie der bilateralen Einkünfteabgrenzung auch rein verwaltungstechnische Probleme angegangen werden[118].

2.   Auslegungs- und Anwendungsschwierigkeiten

Die Auslegung von DBA richtet sich im Grundsatz nach innerstaatlichem Recht. Ergeben sich durch unterschiedliche Auslegung Probleme, kommt ein Konsultationsverfahren zwischen den Behörden der beiden Vertragsstaaten unter Berücksichtigung der Auslegungsregel des Art. 3 Abs. 2 OECD-MA in Betracht. Die hierbei von den Behörden vereinbarte Auslegung wird als „authentische Auslegung" bezeichnet[119].

---

[115] *Schaumburg*, Internationales Steuerrecht, 3. Teil Rz. 16.104.
[116] *Portner*, IStR 2008, S. 584, 586.
[117] *Lehner*, in: Festschrift für Wolfram Reiß zum 65. Geburtstag, S. 665, 668, 670; *Schaumburg*, Internationales Steuerrecht, 3. Teil Rz. 16.104.
[118] *Schaumburg*, Internationales Steuerrecht, 3. Teil Rz. 16.104.
[119] *Lüthi*, in: Gosch/Kroppen/Grotherr, DBA, Art.25 OECD-MA Rn. 89.

Da auch die Auslegung eine Rechtsfrage ist[120] sind, kann die authentische Auslegung lediglich den Inhalt materieller DBA-Bestimmungen und deren Anwendungsbereich erläutern, nicht aber Bestimmungen ändern oder in der Weise ergänzen, dass neue Rechte oder Pflichten entstehen[121].

Anwendungsfragen können sowohl Rechts- als auch Sachverhaltsfragen zur Durchführung von DBA-Bestimmungen sein, über deren Auslegung Einigkeit besteht[122].

3.   Regelungslücken in DBA

Art. 25 Abs. 3 S. 2 OECD-MA ermächtigt die zuständigen Behörden, Fälle zu klären, die nicht im Abkommen behandelt sind und deshalb an sich nur auf dem ordentlichen Rechtsweg geregelt werden könnten, obwohl sie zu einer Doppelbesteuerung führen. Problematisch ist hierbei, inwieweit das innerstaatliche Recht eine solche DBA-Ergänzung zulässt. Als nicht mehr zulässig wird es demgemäß angesehen, wenn eine Vereinbarung für Fälle getroffen wird, die nicht unter das DBA fallende Steuern, wie z.B. die Erbschaftsteuer, betreffen[123].

4.   Keine Bindungswirkung der Verwaltungsvereinbarungen

Die Besonderheit der Konsultationsverfahren besteht darin, dass sie der Exekutive die Möglichkeit geben, Abkommen „quasi-rechtlich" zu konkretisieren. Allerdings ist die Bindungswirkung solcher behördlichen Vereinbarungen problematisch und häufig Gegenstand gerichtlicher Auseinandersetzungen[124].

---

[120]   *Lehner*, in: Vogel/Lehner, DBA, Art. 25 Rz. 153.
[121]   *Lüthi*, in: Gosch/Kroppen/Grotherr, DBA, Art.25 OECD-MA Rn. 90.
[122]   *Lüthi*, in: Gosch/Kroppen/Grotherr, DBA, Art.25 OECD-MA Rn. 91.
[123]   *Lüthi*, in: Gosch/Kroppen/Grotherr, DBA, Art.25 OECD-MA Rn. 92.
[124]   Vgl. zu aktuellen Gerichtsverfahren: *Ismer*, IStR 2009, S. 366 ff, vgl. Abschnitt 6.

Grundsätzlich entfalten die Verwaltungsvereinbarungen, insbesondere die Auslegungsvereinbarungen nach Art. 25 Abs. 3 S. 1 OECD-MA, die für eine Vielzahl von Fällen getroffen worden sind, keine eine dem DBA vergleichbare Rechtsautorität. Ihrem Rechtscharakter nach handelt es sich um Verwaltungsabkommen nach Art. 59 Abs. 2 S. 2 GG, die nach der Rechtsprechung des Bundesfinanzhofs[125] und der herrschenden Meinung im Schrifttum ohne Bindungswirkung für den Steuerpflichtigen oder die Gerichte[126] und auch ohne ändernden Einfluss auf die DBA sind[127]. Dies gilt jedoch nicht für diejenigen vorweggenommenen Verständigungsvereinbarungen, die bereits in Protokollen zum DBA enthalten sind. Protokolle sind ebenso verbindlich wie der Abkommenstext selbst[128], vorausgesetzt, dass auch sie durch ein Zustimmungsgesetz umgesetzt worden sind.

Selbst für die Finanzverwaltung besteht kein Zwang zur grenzenlosen Respektierung. So kann sie Konsultationsverfahren zur Bewältigung von Einzelfällen erst heranziehen, wenn ein einleitender Verfahrensschritt des Steuerpflichtigen vorliegt[129]. Lediglich als Auslegungshilfen kommen sie vorher in Betracht[130]. Auch der Bundesfinanzhof[131] räumt ein, dass solche Vereinbarungen zur authentischen Auslegung von Abkommensbestimmungen stützend herangezogen werden können[132].

Keine Bindungswirkung entfalten auch die „Beratungen" der zuständigen Behörden zum Schließen von DBA-Lücken im Sinne des Art.

---

[125] BFH, Urt. v. 10.7.1996, I R 4/96, BStBl. II 1997, 15, 17; Urt. v. 21.8.1996, I R 80/95, BStBl. II 1997, S. 134, 135; Urt. v. 25.11.2002, I B 136/02, BStBl. II 2005, S. 375, 376.

[126] *Lüthi*, in: Gosch/Kroppen/Grotherr, DBA, Art.25 OECD-MA Rn. 95.

[127] *Schaumburg*, Internationales Steuerrecht, 3. Teil Rz. 16.105.

[128] *Ismer*, IStR 2009, S. 366, 367.

[129] *Eilers*, in: Debatin/Wassermeyer, MA Art. 25 Rz. 6.

[130] BFH, Urt. v. 21.8.1996, I R 80/95, BStBl. II 1997, S. 134, 135; *Schaumburg*, Internationales Steuerrecht, 3. Teil Rz. 16.105.

[131] BFH, Urt. v. 10.7.1996, I R 4/96, BStBl. II 1997, 15, 17; Urt. v. 21.8.1996, I R 80/95, BStBl. II 1997, S. 134, 135; Urt. v. 25.11.2002, I B 136/02, BStBl. II 2005, S. 375, 376; *Lehner*, in: Festschrift für Wolfram Reiß zum 65. Geburtstag, S. 665, 670.

[132] *Lüthi*, in: Gosch/Kroppen/Grotherr, DBA, Art.25 OECD-MA Rn. 95.

25 Abs. 3 S. 2 OECD-MA; auch sie können mangels Gesetzescharakters völkerrechtliche Verträge weder ändern noch ergänzen[133].

Im Schrifttum gibt es Vorschläge, Konsultationsvereinbarungen mehr Gewicht zu verleihen. So sollte nach *Ismer* eine Ermächtigungsgrundlage z.B. in § 2 AO geschaffen werden, um Konsultationsvereinbarungen im Sinne des Art. 25 Abs. 3 S. 1 OECD-MA durch Rechtsverordnung innerstaatliche Verbindlichkeit zu verleihen[134].

5.   Veröffentlichung der Verständigung

Soweit Steuerpflichtige durch die im Wege des Konsultationsverfahrens erzielte Verständigung direkt betroffen sind, werden die Ergebnisse durch Schreiben des Bundesfinanzministeriums bekanntgegeben und im Bundessteuerblatt Teil I veröffentlicht[135].

6.   Klärung des Besteuerungsrechts bei Abfindungen als aktuelles Beispiel

Gegenwärtig sind zahlreiche Verfahren vor dem Bundesfinanzhof zu Abfindungen[136] und zur Bestimmung der Grenzgängerschaft anhängig[137], in denen es um die bislang von der herrschenden Meinung und Rechtsprechung verneinte Frage geht, ob die Gerichte an diesbezügliche zwischenstaatliche Verständigungsvereinbarungen nach Art. 25 Abs. 3 OECD-MA gebunden sind. Zur Veranschaulichung des gegenwärtigen Stands der Rechtsprechung verweist *Ismer*[138] auf folgenden

---

[133] *Lehner*, in: Festschrift für Wolfram Reiß zum 65. Geburtstag, S. 665, 670.

[134] *Ismer*, IStR 2009, S. 366, 371.

[135] *Lüthi*, in: Gosch/Kroppen/Grotherr, DBA, Art.25 OECD-MA Rn. 96; *Schröder*, IStR 2009, S. 48, 49; *Strobl/Zeller*, StuW 1978, S. 244, 251.

[136] Unter folgenden Aktenzeichen: I R 46/08; I R 50/08; I R 65/08; I R 66/08; I R 68/08; I R 69/08; I R 84/08; I R 86/08; I R 89/08; I R 91/08; I R 111/08; I R 115/08; I R 5/09; I R 15/09; I R 16/09.

[137] *Ismer*, IStR 2009, S. 366.

[138] *Ismer*, IStR 2009, S. 366, 367.

Beschluss des Finanzgerichts Köln[139], der im Sinne der herrschenden Meinung entschieden worden ist:

Ein in Belgien wohnhafter Steuerpflichtiger hatte Einkünfte in Deutschland aus nichtselbständiger Tätigkeit. Der Arbeitgeber kündigte das Arbeitsverhältnis und zahlte eine Abfindung. Unter Abweichung von der Rechtsprechung des Bundesfinanzhofs[140], aber gestützt auf eine Konsultationsvereinbarung zwischen Deutschland und Belgien vom 15. Dezember 2006[141] unterwarf das Finanzamt die Abfindung der deutschen Einkommensteuer. Dagegen hätte nach der Rechtsprechung des Bundesfinanzhofs[142] ein Zusammenhang mit einer konkreten im Inland ausgeübten Tätigkeit verneint und das Besteuerungsrecht nach Art. 15 Abs. 1 S. 1 DBA-Belgien dem Wohnsitzstaat (hier also Belgien) zugewiesen werden müssen – ein für den Steuerpflichtigen schönes Resultat, denn Abfindungen sind in Belgien nicht einkommensteuerpflichtig.

Das Finanzgericht Köln hielt die Besteuerung der Abfindung in Deutschland für unzulässig. Das Recht zur Besteuerung hätte nur Belgien als Ansässigkeitsstaat gehabt. Durch die Verständigungsvereinbarung vom 15. Dezember 2006 sei kein deutsches Besteuerungsrecht für Abfindungen im Tätigkeitsstaat geschaffen worden. Ein Zustimmungsgesetz für diese Vereinbarung sei bisher nicht ergangen. Ein DBA könne inhaltlich substantiell nicht durch eine bislang nicht umgesetzte Konsultationsvereinbarung geändert werden. Eine materielle Änderung sei auch nicht nach den Bestimmungen des Wiener Übereinkommens über das Recht der Verträge (WÜRV) möglich. Zwar seien nach Art. 31 Nr. 3a WÜRV völkerrechtliche Verträge derart auszulegen, dass auch spätere Vereinbarungen berücksichtigt werden, aber auch dies könne das fehlende deutsche Zustimmungsgesetz zur Konsultationsvereinbarung nicht ersetzen. Schließlich ließe sich ein

---

[139] FG Köln, Beschl. v. 30.1.2008, 4 V 3366/07, EFG 2008, S. 593.
[140] BFH, Urt. v. 10.7.1996, I R 83/95, BStBl. II 1997, S. 341.
[141] Bekannt gegeben durch BMF-Schr. v. 10.1.2007, BStBl. I 2007, S. 261.
[142] BFH, Urt. v. 10.7.1996, I R 83/95, BStBl. II 1997, S. 341.

deutsches Besteuerungsrecht auch nicht aus § 50d Abs. 8 oder 9 EStG herleiten[143].

IV. Vorabverständigungsvereinbarungen bei der Verrechnungspreisbestimmung

Zu den Verständigungsverfahren im engeren Sinne können auch Vorabverständigungsvereinbarungen auf dem Gebiet der Verrechnungspreisbestimmung (Advance Pricing Agreements = APAs) gerechnet werden[144]. Hierbei wird unterschieden zwischen unilateralen, bilateralen und mulilateralen APAs[145]. Unilaterale APAs sind einseitige, mit dem anderen Vertragsstaat nicht abgestimmte Erklärungen einer Finanzbehörde zur steuerlichen Beurteilung eines bestimmten künftigen Sachverhalts (in Deutschland in Form von verbindlichen Auskünften). Für bi- und mulilaterale APAs („Vorabverständigung") ist charakteristisch, dass eine vom Steuerpflichtigen geplante Sachverhaltsgestaltung von zwei oder mehreren beteiligten Finanzbehörden mit der Absicht überprüft wird, durch Verhandlungen zur einvernehmlichen Beurteilung dieses Sachverhalts zu kommen[146].

Vorreiter dieser präventiven Verständigungsvereinbarungen waren die USA, Japan und Australien; dieses für Verrechnungspreisfragen nützliche Instrument wurde neben den herkömmlichen Verständigungs- und Schlichtungsverfahren international immer bedeutsamer, fristet aber in Deutschland immer noch eher ein Schattendasein[147].

Hauptbeispiele für APAs sind befristete formelle Absprachen zwischen einem oder mehreren Steuerpflichtigen einerseits und der bzw. den betroffenen Steuerbehörden andererseits, in denen auf Antrag des

---

[143] FG Köln, Beschl. v. 30.1.2008, 4 V 3366/07, EFG 2008, S. 593 f., 595; *Lühn*, BB 2009, S. 201, 203.

[144] *Lehner*, in: Vogel/Lehner, DBA, Art. 25 Rz. 3; ders., in: Festschrift für Wolfram Reiß zum 65. Geburtstag, S. 665, 668.

[145] *Heinrich/Schmitt*, DB 2006, S. 2428, 2429.

[146] *Heinrich/Schmitt*, DB 2006, S. 2428, 2429.

[147] Vgl. *Lehner*, in: Festschrift für Wolfram Reiß zum 65. Geburtstag, S. 665, 673; *Menck*, in: Mössner, Steuerrecht international tätiger Unternehmen, Rz. D 59 S. 617; *Heinrich/Schmitt*, DB 2006, S. 2428, 2429.

oder der Steuerpflichtigen eine bestimmte Methode zur Bestimmung eines angemessenen Verrechnungspreises vorab für einen bestimmten Zeitraum verbindlich festgelegt wird[148]. In diesem Sinne sind APAs ein Instrument zur Vermeidung künftiger Verrechnungspreiskonflikte, das sich inhaltlich im Wesentlichen auf die Festlegung einer bestimmten Verrechnungspreismethode, auf die Anwendungsmodalitäten sowie auf die Gültigkeitsbedingungen bezieht, unter denen das APA für die Steuerverwaltungen Bindungswirkung entfaltet[149].

Die OECD hat die Verwendung von APAs empfohlen[150]. Nach Auffassung des Finanzministeriums Baden-Württemberg[151] und des Bayerischen Staatsministerium der Finanzen[152] können deutsche Finanzbehörden an bilateralen APAs, die von ausländischen Steuerverwaltungen initiiert worden sind, nur in Ausnahmefällen mitwirken[153]. Für die Behandlung von APAs nach deutschem innerstaatlichem Recht gibt es ein Merkblatt des Bundesfinanzministeriums vom 5. Oktober 2006[154]. Es informiert unter anderem über die Beantragung von APA`s, Verfahrensablauf, Aufgabenteilung zwischen Bundes- und Landesbehörden und die Umsetzung.

---

[148] *Lehner*, in: Festschrift für Wolfram Reiß zum 65. Geburtstag, S. 665, 674; *Gehm*, Stbg 2005, S. 149.

[149] *Grotherr*, IStR 2005, S. 350.

[150] In den „Guidelines for Conducting Advance Pricing Agreements under the Mutual Agreement Procedure" vom Oktober 1999; vgl. *Menck*, in: Mössner, Steuerrecht international tätiger Unternehmen, Rz. D 59 S. 617; *Gehm*, Stbg 2005, S. 149; *Grotherr*, IStR 2005, S. 350, 352.

[151] Finanzministerium Baden Württemberg, Erl. v. 28.11.1994, IStR 1995, S. 34.

[152] Bayerisches Staatsministerium der Finanzen, Schr. v. 9.1.1995, IStR 1995, S. 241.

[153] *Eilers*, in: Debatin/Wassermeyer, MA Art. 25 Rz. 82; *Menck*, in: Mössner, Steuerrecht international tätiger Unternehmen, Rz. D 59 S. 617; *Gehm*, Stbg 2005, S. 149, 152.

[154] BMF-Schr. v. 5.10.2006, Merkblatt für bilaterale oder multilaterale Vorabverständigungsverfahren auf der Grundlage der Doppelbesteuerungsabkommen zur Erteilung verbindlicher Vorabzusagen über Verrechnungspreise zwischen international verbundenen Unternehmen (sog. „Advance Pricing Agreements" – APAs), BStBl. I 2006, S. 594.

V. Weitere spezielle Verständigungsverfahren

Ein spezielles Verständigungsverfahren im engeren Sinne sieht Art. 9 Abs. 2 OECD-MA für international verbundene Unternehmen vor[155]. Nach Art. 9 Abs. 1 OECD-MA können unter den dort genannten Voraussetzungen Gewinnberichtigungen bei verbundenen Unternehmen durchgeführt werden. Nimmt der jeweils andere Vertragsstaat keine entsprechende Gegenberichtigung vor, tritt eine wirtschaftliche Doppelbesteuerung[156] ein[157]. Das spezielle Verständigungsverfahren nach Art. 9 Abs. 2 OECD-MA zielt darauf ab, sich über das Ob und die Höhe der erforderlichen Gegenberichtigung zwischen den Behörden der Vertragsstaaten abzustimmen[158].

Die Einleitung des Verständigungsverfahrens nach Art. 9 Abs. 2 OECD-MA, bei dem es sich nach umstrittener Auffassung um ein eigenständiges Einigungsverfahren neben Art. 25 OECD-MA handelt[159], kann jede betroffene Gesellschaft bei der jeweils für sie zuständigen Behörde beantragen. In der Regel wird der Antrag an den Vertragsstaat gerichtet, dessen Maßnahmen eine wirtschaftliche Doppelbesteuerung ausgelöst hat. Nach der deutschen Verwaltungsanweisung zum interntionalen Verständigungs- und Schiedsverfahren sollte der Antrag zweckmäßigerweise im Staat des „übergeordneten" Steuerpflichtigen eingereicht werden; d.h. in der Regel in dem Staat, in dem die Muttergesellschaft ihren Sitz hat[160].

---

[155] *Frotscher*, Internationales Steuerrecht, § 20 Rz. 760.

[156] Eine wirtschaftliche Doppelbesteuerung oder Doppelbelastung tritt ein, wenn die Doppelbesteuerung nicht bei der derselben Person eintritt, sondern bei selbständigen oder verbundenen Unternehmen (vgl. *van Randenborgh/Seidenfus*, INF 1996, S. 481, 482).

[157] *Lüthi*, in: Gosch/Kroppen/Grotherr, DBA, Art.25 OECD-MA Rn. 33.

[158] *Lüthi*, in: Gosch/Kroppen/Grotherr, DBA, Art.25 OECD-MA Rn. 33 m.w.N.

[159] *Becker*, in: Gosch/Kroppen/Grotherr, DBA, Art.9 OECD-MA Rn. 219, 253. Art. 25 OECD-MA kann jedoch als Hilfsnorm ergänzend herangezogen werden, vgl. *Lüthi*, in: Gosch/Kroppen/Grotherr, DBA, Art.25 OECD-MA Rn. 18 m.w.N.

[160] BMF-Schr. v. 13.7.2006, BStBl. I 2006, S. 461, 463, Tz. 2.1.3; *Lüthi*, in: Gosch/Kroppen/Grotherr, DBA, Art.25 OECD-MA Rn. 28; *Lehner*, in: Vogel/Lehner, DBA, Art. 25 Rz. 36.

Weitere besondere Verständigungsverfahren sind z.B. in den Art. 10 bis 12 OECD-MA für die Festlegung des Verfahrens zur Entlastung von Quellensteuern bei Dividenden, Zinsen und Lizenzgebühren geregelt[161].

---

[161] *Lüthi*, in: Gosch/Kroppen/Grotherr, DBA, Art.25 OECD-MA Rn. 13.

D. Schlussfolgerungen und Verbesserungsvorschläge
I. Begrenzung der Verfahrensdauer – Straffung der Bearbeitung

Verständigungsverfahren dauern fast immer sehr lange. Von dem ersten Aufgreifen eines Sachverhalts durch eine Außenprüfung bis zur Erzielung von Ergebnissen im Verständigungsverfahren können bis zu fünf oder gar noch mehr Jahre vergehen, je nach Komplexität, Verfahrenssprache, Kooperationsbereitschaft und Ressourcen der beteiligten innerstaatlichen und ausländischen Finanzbehörden[162]. Diese extreme Verfahrensdauer hat dazu geführt, dass in der internationalen Praxis nur relativ wenige Verständigungsverfahren durchgeführt werden[163]; oftmals nehmen die Steuerpflichtigen Doppelbesteuerungen lieber hin, als sich den „Strapazen" des Verständigungsverfahrens zu unterziehen.

Da es sich bei der Beantragung eines Verständigungsverfahrens vom Steuerpflichtigen ohnehin nicht vorhersehen lässt, ob es zu einem für ihn günstigen Ergebnis führt, ist aus Sicht des Instituts „Finanzen und Steuern" im Interesse der Planungssicherheit eine zeitliche Straffung des Verfahrens zu fordern. Eine Verfahrensdauer von maximal zwei Jahren erscheint angemessen.

Die hierfür notwendige Straffung der Arbeitsabläufe erfordert auf deutscher Seite dreierlei: dass
- der Bearbeitung von Verständigungssachen gegenüber dem „Alltagsgeschäft" Priorität eingeräumt wird,
- Entscheidungsprozesse (Was kann auf deutscher Seite akzeptiert werden?) Instanzen übergreifend und in Form gemeinsamer Sitzungen gebündelt werden und vor allem
- ein ausreichender Personalkader aus Verwaltungsspezialisten von Bund und Land bereit gehalten wird, der langfristig für seine internationale Aufgabe fachlich und sprachlich geschult ist.

---

[162] *Eilers*, in: Debatin/Wassermeyer, MA Art. 25 Rz. 19.
[163] *Schaumburg*, Internationales Steuerrecht, 3. Teil Rz. 16.92.

II. Periodische Unterrichtung des Steuerpflichtigen

Der Steuerpflichtige sollte während des Verfahrens in regelmäßigen Abständen über den Stand der Verhandlungen und sich anbahnende Einigungslinien unterrichtet werden.

III. Ausgleich bei fehlender Einigung

Für den Steuerpflichtigen ist es wenig ersprießlich, dass weder ein Rechtsanspruch auf Einleitung des Verständigungsverfahrens besteht (lediglich Anspruch auf fehlerfreie Ermessensausübung) noch das Verfahren mit einer Entscheidung enden muss. Diese Schwächen des Verständigungsverfahrens, die auf dem unscheinbaren Wort „bemühen" (Art. 25 Abs. 1 bis 3 OECD-MA) beruhen, lassen sowohl den eindeutigen Beginn als auch das eindeutige Ende eines Verständigungsverfahrens im Sinne definitiver Ergebnisse offen – ein für die Rechtssicherheit sehr betrüblicher Zustand.

Während die Ablehnung eines Antrags auf Durchführung eines Verständigungsverfahrens noch nicht als so gravierend anzusehen ist, weil insoweit noch kein übermäßiger zeitlicher, arbeitsmäßiger und finanzieller Aufwand anfällt, erscheint der andere Gesichtspunkt doch erheblich bedeutsamer: Die Ungewissheit, ob überhaupt und wann Ergebnisse zustande kommen, ist der Rechtssicherheit sehr abträglich. Die fehlende Notwendigkeit, sich einigen zu müssen, ist zwar juristisch gerechtfertigt (Wortlaut des Art. 25 OECD-MA: „sich bemühen"). Sie stößt aber in der Praxis auf wenig Verständnis. So erwartet die Steuerverwaltung vom Steuerpflichtigen eine nicht unerhebliche Mitwirkung, die Ressourcen in den Unternehmen bindet und trotz der prinzipiellen Kostenfreiheit des Verständigungsverfahrens (keine spezielle Gebühr) unter Umständen letztlich doch zu hohen, nicht erstattungsfähigen Kosten führen kann. Zudem leuchtet es wenig ein, dass ein Verfahren unter Umständen mehrere Jahre dauern kann, um dann wenig steuerzahlerfreundlich mit einer Nichteinigung zu enden. Letztlich kann der Steuerzahler doch mit Recht eine Beseitigung der Doppelbesteuerung erwarten. Bis hier ein obligatorisches Schiedsverfahren im Sinne des Art. 25 Abs. 5 OECD-MA Abhilfe bringen kann, verstreicht weitere Zeit, die der Rechtssicherheit des Steuerpflichtigen nicht gerade zuträglich ist. Ein grenzüberschreitend tätiges Unternehmen braucht aber rasche Sicherheit für seine Planungen.

Als Ausweg kommt in Betracht, dass sich die deutsche Verwaltung dazu durchringt, eine eingetretene Doppelbesteuerung, deren Beseitigung im Verständigungswege gescheitert ist, bei gravierender Auswirkung in jedem Fall als „sachliche Unbilligkeit" im Sinne von §§ 163, 227 AO zu betrachten und dementsprechend bei der deutschen Steuer unilateral im Erlasswege nachzugeben[164]. Deshalb schlägt das Institut „Finanzen und Steuern" vor, die amtlichen Verwaltungsanweisungen dahingehend zu formulieren, dass von den gesetzlichen Billigkeitsmöglichkeiten großzügigen Gebrauch zu machen ist. Eine Versagung von Billigkeitsmaßnahmen müsste danach die Ausnahme sein.

IV.   Weitere Stärkung der Beteiligungsrechte des Steuerpflichtigen

Ein Manko des Verständigungsverfahrens besteht auch darin, dass keine Rechtsgrundlage den Steuerpflichtigen als Verfahrensbeteiligten ausweist. Zwar stellt der OECD-Kommentar gewisse Anforderungen an die Vertragsstaaten hinsichtlich der Rechte der Steuerpflichtigen, und auch die deutsche Finanzverwaltung folgt im Wesentlichen diesen Prinzipien. Es fehlt aber eine verbindliche Norm, die den Steuerpflichtigen zum Verfahrensbeteiligten erklärt.

Diesbezüglich wäre eine gesetzgeberische Maßnahme wünschenswert, die die bisher nur auf Exekutivebene bestehenden Beteiligungsrechte auf eine normative Grundlage stellt. Des Weiteren schlägt das Institut „Finanzen und Steuern" vor, zumindest per Verwaltungsanweisung dem Antragsteller ein Recht auf Akteneinsicht zu gewähren.

---

[164] Vgl. zur Billigkeit die Prüfungsaufforderung im BMF-Schr. 13.7.2006, BStBl. I 2006, S. 461, 467, Tz. 8.2; *Lehner*, in: Festschrift für Wolfram Reiß zum 65. Geburtstag, S. 665, 671.

V. Veröffentlichung der Ergebnisse des Verständigungsverfahrens im engeren Sinne (Art. 25 Abs. 1 und 2 OECD-MA)

Im Schrifttum ist schon öfters gefordert worden, unter Wahrung des Steuergeheimnisses, die Ergebnisse der Verständigungsverfahren zu veröffentlichen[165]. In Deutschland besteht keine Veröffentlichungspflicht für Verständigungsverfahren im engeren Sinne (Art. 25 Abs. 1 und 2 OECD-MA). Lediglich Konsultationsverfahren werden im Bundessteuerblatt Teil I veröffentlicht.

Teilweise wird die Nichtveröffentlichung mit der Gefahr begründet, dass die einzelfallbezogenen Verständigungsvereinbarungen Präjudizwirkung erlangen könnten[166].

Nach Auffassung des Instituts „Finanzen und Steuern" kann dieser Einwand jedoch nicht durchschlagen, da nach der Rechtsprechung des Bundesfinanzhofs und der ganz herrschenden Meinung in der Literatur die Verständigungsvereinbarungen ohnehin keinen bindenden Einfluss auf die Rechtsprechung haben. Auf der anderen Seite sollte dem Informationsbedürfnis der sich in vergleichbarer Lage befindlichen anderen Steuerpflichtigen wie auch dem Gleichbehandlungsgebot Rechnung getragen werden. Auch könnten weitere Doppelbesteuerungen oder abkommenswidrige Besteuerungen durch bekanntgemachte Verständigungsergebnisse vermieden werden. Schließlich ist auch der Gedanke nicht überzeugend, der Veröffentlichung von Verständigungsvereinbarungen stünde das Geheimhaltungsinteresse des Antragsstellers entgegen. Denn auch Gerichtsentscheidungen werden (ohne Namen der Betroffenen) veröffentlicht.

Das Institut „Finanzen und Steuern" schlägt deshalb vor, auch die grundlegenden Ergebnisse der Verständigungsverfahren im engeren Sinne (einzelfallbezogene Verfahren) unter Wahrung des Steuergeheimnisses mit Begründung zu veröffentlichen, um dem Informationsbedürfnis aller potentiell sachlich ebenfalls betroffenen Steuerpflichti-

---

[165] *Lehner*, in: Vogel/Lehner, DBA, Art. 25 Rz. 135; *Runge*, Intertax 1997, Volume 25, Issue 1, S. 3, 4 f.

[166] *Lüthi*, in: Gosch/Kroppen/Grotherr, DBA, Art.25 OECD-MA Rn. 78.

gen Rechnung zu tragen, die generelle Planungssicherheit für grenzüberschreitende steuerrelevante Dispositionen zu erhöhen und künftige abkommenswidrige Besteuerungen zu vermeiden. Dies könnte auch zu langfristig international respektierten DBA-Auslegungsregeln führen und würde für den Steuerpflichtigen dazu führen, dass er bei der Ergreifung von Rechtsmaßnahmen seine Erfolgsaussichten besser abschätzen kann.

Teil

I

Internationales Steuerrecht

Bundesministerium der Finanzen   Berlin, 13. Juli 2006

IV B 6 — S 1300 — 340/06

Oberste Finanzbehörden
der Länder

Bundeszentralamt für Steuern

nachrichtlich:
Vertretungen der Länder
beim Bund

Bundesfinanzakademie
im Bundesministerium der Finanzen

Merkblatt
zum internationalen Verständigungs- und Schiedsverfahren
auf dem Gebiet der Steuern vom Einkommen und vom Vermögen

Unter Bezugnahme auf das Ergebnis der Erörterungen mit den Vertretern der obersten Finanzbehörden der Länder gilt für das internationale Verständigungs- und Schiedsverfahren auf dem Gebiet der Steuern vom Einkommen und vom Vermögen folgendes Merkblatt:

Inhaltsübersicht

A   **Allgemeines**

1   Allgemeines zum internationalen Verständigungs- und Schiedsverfahren

     1.1   Rechtsnatur und Rechtsgrundlage

     1.2   Verständigungsklauseln nach DBA und Schiedskonvention

     1.3   Verfahrensgegenstand und Verfahrensziel

     1.4   Zuständigkeiten

B   **Verständigungsverfahren nach DBA**

2   Einleitung des Verständigungsverfahrens

     2.1   Antragstellung

     2.2   Antragsfrist

     2.3   Inhalt des Antrags

     2.4   Einleitung des Verständigungsverfahrens und Rechtsschutz

     2.5   Einleitung des Verständigungsverfahrens durch ausländische Finanzbehörden

3   Durchführung des Verständigungsverfahrens

     3.1   Allgemeine Verfahrensgrundsätze

     3.2   Sachverhaltsaufklärung und Herbeiführung einer Verständigung

     3.3   Mitwirkung und Rechte des Abkommensberechtigten

     3.4   Verständigung

4   Umsetzung von Verständigungsvereinbarungen

     4.1   Bestandskraft von Bescheiden und Verjährung

     4.2   Zustimmung des Antragstellers

5   Verzicht auf ein Verständigungsverfahren

6   Verständigungsverfahren und Betriebsprüfung

7   Verständigungsverfahren und zwischenstaatlicher Auskunftsaustausch

8   Folgen des Scheiterns eines Verständigungsverfahrens

9   Kosten des Verständigungsverfahrens nach den DBA

C   **Verständigungs- und Schiedsverfahren nach der EU-Schiedskonvention**

10   Vorverfahren nach Art. 5 der Schiedskonvention

11   Einleitung des Verständigungsverfahrens

     11.1   Antragstellung

     11.2   Antragsfrist

     11.3   Inhalt des Antrags

     11.4   Einleitung des Verständigungsverfahrens bei Antragstellung im Inland

     11.5   Einleitung des Verständigungsverfahrens bei Antragstellung im Ausland

12   Durchführung des Verständigungsverfahrens

     12.1   Allgemeine Verfahrensgrundsätze

     12.2   Verfahrensablauf bei Antragstellung im Inland

12.3 Verfahrensablauf bei Antragstellung im Ausland

13 Schiedsverfahren

13.1 Allgemeines

13.2 Einsetzung des Beratenden Ausschusses

13.3 Zusammensetzung des Beratenden Ausschusses

13.4 Verfahrensgrundsätze

13.5 Stellungnahme des Beratenden Ausschusses und Entscheidung der zuständigen Behörden

13.6 Bekanntgabe der Stellungnahme des Beratenden Ausschusses und der Entscheidung der zuständigen Behörden

14 Kosten des Verständigungs- und Schiedsverfahrens nach der Schiedskonvention

D   Anwendungsregelung und Veröffentlichung

Anlage 1 Formular zur Zuleitung eines Antrages auf Einleitung eines Verständigungsverfahrens an das BZSt (vgl. Tz. 2.1.4)

Anlage 2 Übersicht über die DBA, die in den Verständigungsklauseln besondere Fristen für die Antragsteller enthalten (vgl. Tz. 2.2.2)

Abkürzungsverzeichnis

ABl. EU	Amtsblatt der Europäischen Union
Abs.	Absatz
AO	Abgabenordnung
Art.	Artikel
BZSt	Bundeszentralamt für Steuern
BFH	Bundesfinanzhof
BGBl.	Bundesgesetzblatt
BMF	Bundesministerium der Finanzen
BStBl	Bundessteuerblatt
DBA	Doppelbesteuerungsabkommen
d.h.	das heißt
EGAHiG	EG-Amtshilfe-Gesetz
EStG	Einkommensteuergesetz
EU	Europäische Union
EuGH	Gerichtshof der Europäischen Gemeinschaften
EWG	Europäische Wirtschaftsgemeinschaft
ff.	fortfolgende
FGO	Finanzgerichtsordnung
ggf.	gegebenenfalls
Nr.	Nummer
OECD	Organisation für wirtschaftliche Zusammenarbeit und Entwicklung (Organization for Economic Cooperation and Development)
OECD-MA	OECD-Musterabkommen
s.	siehe
S.	Seite
sog.	so genannte
Tz.	Textziffer/Textziffern
vgl.	vergleiche
z. B.	zum Beispiel

A   Allgemeines

1   Allgemeines zum internationalen Verständigungs- und Schiedsverfahren

1.1   Rechtsnatur und Rechtsgrundlage

1.1.1   Internationale Verständigungs- und Schiedsverfahren sind zwischenstaatliche Verfahren zur übereinstimmenden Anwendung der DBA oder des Übereinkommens vom 23. Juli 1990 Nr. 90/436/EWG über die Beseitigung der Doppelbesteuerung im Falle von Gewinnberichtigungen zwischen verbundenen Unternehmen (s. BGBl. 1993 II S. 1308, BStBl 1993 I S. 818 und BGBl. 1995 II S. 84, BStBl 1995 I S. 166 — Schiedskonvention —).

1.1.2   Rechtsgrundlage sind die Verständigungsklauseln der DBA (vgl. Art. 25 OECD-MA) oder der Art. 6 ff. der Schiedskonvention. Sie enthalten Bestimmungen, nach denen die zuständige Behörde in Deutschland mit den zuständigen Behörden anderer Staaten unmittelbar verkehren kann, um eine Einigung über Einzelfälle herbeizuführen, die die Besteuerung in Deutschland oder in einem anderen Staat betreffen. Die Schiedskonvention betrifft nur die Gewinnabgrenzung zwischen verbundenen Unternehmen und die Gewinnaufteilung bei Betriebsstätten. Nach den Verständigungsklauseln der DBA kann darüber hinaus auch über allgemeine Fragen eine Einigung zwischen den zuständigen Behörden herbeigeführt werden.

1.1.3   Die Schiedskonvention ist im Verhältnis zu Belgien, Dänemark, Frankreich, Griechenland, Großbritannien, Irland, Italien, Luxemburg, den Niederlanden, Portugal und Spanien sowie nach dem Übereinkommen vom 21. Dezember 1995 (s. BGBl. 1999 II S. 1010 und BGBl. 2006 II S. 575) auch im Verhältnis zu Österreich, Finnland und Schweden anzuwenden.

Das am 8. Dezember 2004 von Deutschland unterzeichnete Übereinkommen über den Beitritt Estlands, Lettlands, Litauens, Maltas, Polens, der Slowakei, Sloweniens, Tschechiens, Ungarns und Zyperns zur Schiedskonvention (ABl. EU 2005 Nr. C 160 S. 1) tritt nach seinem Art. 5 zwischen den Vertragsstaaten, die es ratifiziert, angenommen oder genehmigt haben, am ersten Tag des dritten Monats in Kraft, der auf die Hinterlegung der letzten Ratifikations-, Annahme- oder Genehmigungsurkunde durch diese Staaten folgt (s. auch BGBl. 2006 II S. 554).

Das Protokoll vom 25. Mai 1999 zur Änderung der Schiedskonvention (s. BGBl. 1999 II S. 1082 und BGBl. 2005 II S. 635) ist am 1. November 2004 in Kraft getreten. Die Schiedskonvention ist danach rückwirkend zum 1. Januar 2000 auf unbestimmte Zeit verlängert worden.

1.1.4   Die Verständigungsklauseln der DBA und die Schiedskonvention sind durch die Zustimmungsgesetze unmittelbar anwendbares innerstaatliches Recht geworden und gehen gemäß § 2 AO den deutschen Steuergesetzen vor.

Teil
I

1.2 Verständigungsklauseln nach DBA und Schiedskonvention

1.2.1 Die Verständigungsklauseln der DBA sehen in der Regel vor, dass

— ein Verständigungsverfahren eingeleitet werden kann, wenn eine Person dies beantragt und darlegt, dass Maßnahmen eines Vertragsstaats oder beider Vertragsstaaten für sie zu einer dem Abkommen nicht entsprechenden Besteuerung führen oder führen werden, und dem durch Maßnahmen des betreffenden Staates nicht abgeholfen werden kann (Verständigungsverfahren im engeren Sinn);

— Verständigungsverfahren allgemein eingeleitet werden können, um Schwierigkeiten oder Zweifel zu beseitigen, die bei der Auslegung oder Anwendung des Abkommens entstehen; hierzu kann auch ein Einzelfall Anlass bieten oder Gegenstand sein, z. B. wenn Anweisungen oder Richtlinien der ausländischen Finanzverwaltung vorliegen, die zu einer abkommenswidrigen Besteuerung führen können (Konsultationsverfahren);

— Verständigungsverfahren auch über vertraglich nicht geregelte Fragen eingeleitet werden können, z. B. zur Vermeidung einer Doppelbesteuerung in Fällen, die in dem betreffenden DBA nicht geregelt sind.

Ein Verständigungsverfahren kann auch dann eingeleitet werden, wenn ein bestehendes DBA ein Verständigungsverfahren der betreffenden Art nicht vorsieht. Die Entscheidung hierüber obliegt dem BMF.

Zu beachten ist, dass die Verständigungsklauseln der DBA regelmäßig — im Unterschied zu dem Verfahren nach der Schiedskonvention — keinen Einigungszwang vorsehen.

1.2.2 Die Verständigungsklausel der Schiedskonvention (Art. 6) sieht ein Verständigungsverfahren im engeren Sinn nur zu Fragen der Gewinnabgrenzung zwischen verbundenen Unternehmen und der Gewinnaufteilung bei Betriebsstätten vor. Scheitert dieses Verständigungsverfahren (sog. Phase I der Schiedskonvention), wird es zwingend ins Schiedsverfahren übergeleitet (sog. Phase II der Schiedskonvention).

Die Frage des Bestehens einer Betriebsstätte ist nicht Gegenstand eines Verfahrens nach der Schiedskonvention.

1.3 Verfahrensgegenstand und Verfahrensziel

1.3.1 Dieses Merkblatt befasst sich ausschließlich mit den Verständigungsverfahren im engeren Sinn nach den DBA und nach der Schiedskonvention (vgl. Tz. 1.2), die durch Maßnahmen Deutschlands oder des anderen Staates ausgelöst werden. Verfahrensgegenstand sind die aus dem DBA oder der Schiedskonvention abzuleitenden völkerrechtlichen Ansprüche der beiden Vertragsstaaten; diese richten sich auf eine dem DBA oder der Schiedskonvention entsprechende steuerliche Behandlung des Abkommensberechtigten. Ziel des Verfahrens ist, den Anspruch des Abkommensberechtigten auf abkommensgemäße

Besteuerung im Rahmen der beiden Rechtsordnungen zu verwirklichen.

1.3.2 Das Merkblatt trifft keine besonderen Regelungen zu den Verfahren für bilaterale oder multilaterale Vorabverständigungsverfahren auf der Grundlage der DBA zur Erteilung verbindlicher Vorabzusagen über Verrechnungspreise zwischen international verbundenen Unternehmen und Betriebsstätten (sog. „Advance Pricing Agreements").

1.4 Zuständigkeiten

Das BMF hat die Wahrnehmung der Aufgaben der zuständigen Behörde für den Bereich der Verständigungs- und Schiedsverfahren nach den DBA und der Schiedskonvention auf das BZSt übertragen (s. BMF-Schreiben vom 29. November 2004 — IV B 6 — S 1300 — 320/04 —, BStBl I S. 1144). Das BZSt handelt im Einvernehmen mit der zuständigen obersten oder der beauftragten Landesfinanzbehörde. Aufgabe der Landesfinanzverwaltung ist es, die Verständigungsvereinbarung oder Entscheidung innerstaatlich umzusetzen (vgl. Tz. 4).

Das BMF behält sich vor, im Einzelfall ein Verständigungsverfahren selbst zu führen.

B Verständigungsverfahren nach DBA

Die Bestimmungen dieses Abschnitts sind anzuwenden für Anträge auf Einleitung eines Verständigungsverfahrens nach den DBA (vgl. Tz. 1.1).

Ergänzend zu den Bestimmungen dieses Abschnitts sind die Tz. 10 bis 12 des Abschnitts C entsprechend im Verhältnis zu Staaten anzuwenden, für die die Schiedskonvention gilt, sofern die Einleitung eines Verständigungsverfahrens nach den DBA beantragt wird und es sich bei dem beantragten Verfahren um Fragen der Gewinnabgrenzung zwischen verbundenen Unternehmen oder der Gewinnaufteilung bei Betriebsstätten handelt.

2 Einleitung des Verständigungsverfahrens

2.1 Antragstellung

2.1.1 Das Verständigungsverfahren im engeren Sinn setzt einen Antrag des Abkommensberechtigten voraus. Kommt ein Verständigungsverfahren nach einem DBA in Betracht, ist in dem Antrag deutlich zu machen, dass dieser auf die Verständigungsklausel des anzuwendenden DBA gestützt wird.

2.1.2 Der Antrag kann auch von einer anderen Person als dem Abkommensberechtigten gestellt werden, wenn sie durch die abkommenswidrige Besteuerung betroffen ist, z. B. in Haftungsfällen.

2.1.3 Der Antrag ist bei der zuständigen Behörde des Ansässigkeitsstaats einzureichen. In Diskriminierungsfällen ist der Antrag bei der zuständigen Behörde des Staates einzureichen, dessen Staatsangehöriger (vgl. Art. 3 Abs. 1 Buchstabe g OECD-MA) der Abkommensberechtigte ist.

Sind mehrere Steuerpflichtige betroffen (z. B. eine Mutter- und eine Tochtergesellschaft), sollte der Antrag zweckmäßigerweise im Staat des übergeordneten Steuerpflichtigen eingereicht werden.

Teil I

2.1.4 In Deutschland kann das Verständigungsverfahren beantragt werden

— bei dem für die Besteuerung des Abkommensberechtigten örtlich zuständigen Finanzamt; dieses nimmt zu dem Antrag Stellung, sofern auch deutsche Besteuerungsmaßnahmen betroffen sind, und leitet ihn — im Hinblick auf ggf. vorzunehmende fristwahrende Handlungen gegenüber dem ausländischen Staat — zeitnah dem BZSt auf dem Dienstweg zur Entscheidung über die Einleitung des Verständigungsverfahrens zu.

Die zeitnahe Zuleitung des Antrages an das BZSt erfolgt auch in den Fällen, in denen zum Zeitpunkt der Antragstellung noch keine endgültige Stellungnahme abgegeben werden kann, z. B. weil noch das Ergebnis einer laufenden Außenprüfung abgewartet werden muss oder der Steuerpflichtige sich entschieden hat, das Verständigungsverfahren ruhen zu lassen und zunächst ein Einspruchs- oder Klageverfahren zu führen. In diesem Fall erfolgt die Zuleitung des Antrages an das BZSt unter Verwendung des in der Anlage 1 zu diesem Merkblatt enthaltenen Formulars. Dieses kann auch auf der Internetseite des BZSt (http://www.bzst.de) abgerufen werden.

— beim BZSt; dieses leitet den Antrag unverzüglich auf dem Dienstweg der für die Besteuerung des Abkommensberechtigten zuständigen Landesfinanzverwaltung zur Stellungnahme zu, sofern auch deutsche Besteuerungsmaßnahmen betroffen sind.

Die zuständige Landesfinanzverwaltung geht in ihrer Stellungnahme neben den unter Tz. 2.3.3 genannten Punkten auch auf die Einhaltung der Antragsfrist (vgl. Tz. 2.2) und die vom Abkommensberechtigten geltend gemachte abkommenswidrige Besteuerung (vgl. Tz. 2.3.1 und 2.3.2) ein.

2.1.5 Einem Antrag auf Einleitung eines Verständigungsverfahrens steht nicht entgegen, dass nach deutschem Steuerrecht oder nach dem Recht des anderen Staates ein Rechtsbehelf anhängig ist oder der Rechtsweg noch nicht erschöpft ist. Zu beachten ist jedoch, dass das innerstaatliche Recht mancher Staaten es nicht zulässt, eine Verständigungsvereinbarung umzusetzen, die zu einem von der Entscheidung eines nationalen Gerichts abweichenden Ergebnis führt. Der Abkommensberechtigte sollte daher ggf. prüfen, welches Verfahren er verfolgen möchte.

Hilfreiche Informationen zu zuständigen Behörden und Verfahrensvorschriften ausländischer Staaten enthält die OECD-Datenbank „Country Profiles on Mutual Agreement Procedures", die über die Suchfunktion der Domain „http://www.oecd.org" abrufbar ist.

2.1.6 Das Verständigungsverfahren ersetzt nicht das Verfahren zur Erstattung oder Ermäßigung einbehaltener ausländischer Quellensteuer. Ein Antrag auf Erstattung oder Ermäßigung ausländischer Quellensteuer kann daher grundsätzlich nur Gegenstand eines Verständigungsverfahrens werden, wenn dieser entweder von der ausländi-

schen Finanzverwaltung endgültig abgelehnt worden ist oder die Antragstellung mindestens zwei Jahre zurückliegt. Tz. 2.1.7 gilt entsprechend.

2.1.7 Soweit durch Nichtbeachtung verfahrensrechtlicher Vorschriften (z. B. Ablauf von Ausschlussfristen) eine Doppelbesteuerung entsteht, ist darin keine dem Abkommen widersprechende Besteuerung zu sehen, die Anlass für ein Verständigungsverfahren sein kann.

2.2 Antragsfrist

2.2.1 Der Antrag soll möglichst bald nach Bekanntgabe der zu einer abkommenswidrigen Besteuerung führenden deutschen oder ausländischen Besteuerungsmaßnahme eingereicht werden. Beruht diese Besteuerung auf Besteuerungsmaßnahmen der deutschen und ausländischen Finanzverwaltung, so ist die Bekanntgabe des letzten Bescheides maßgebend.

2.2.2 Die Verständigungsklauseln vieler Abkommen enthalten besondere Fristen für die Antragstellung. Eine Übersicht über die Abkommen mit besonderen Fristen enthält die Anlage 2 zu diesem Merkblatt.

Bei Antragstellung im Inland ist für die Fristwahrung der Eingang des Antrags beim örtlich zuständigen Finanzamt oder beim BZSt maßgeblich.

2.2.3 Ist im anzuwendenden DBA keine Antragsfrist festgelegt, stimmt die deutsche Finanzverwaltung einer Einleitung des Verständigungsverfahrens nicht zu, wenn der Steuerpflichtige eine Zeit von mehr als vier Jahren zwischen der Bekanntgabe der maßgebenden Besteuerungsmaßnahme und seinem Antrag hat verstreichen lassen und nicht besondere Umstände eine frühere Geltendmachung ausgeschlossen haben.

2.2.4 Kann eine Verständigungsvereinbarung nach dem Recht eines ausländischen Staates nicht zeitlich unbegrenzt umgesetzt werden, so ist dies bei Antragstellung zu beachten (s. hierzu im Verhältnis zur Schweiz BMF-Schreiben vom 30. Juni 1997 — IV C 6 — S 1301 Schz — 34/97 —, BStBl I S. 651).

2.3 Inhalt des Antrags

2.3.1 Der Antrag auf Einleitung des Verständigungsverfahrens ist nur zulässig, wenn geltend gemacht wird, dass eine abkommenswidrige Besteuerung vorliegt oder droht. Diese braucht nicht nachgewiesen zu werden, es sei denn, das Abkommen sieht einen solchen Nachweis vor.

Soweit eine Besteuerungsmaßnahme lediglich zu einer Doppelbesteuerung führen könnte, die ihrer Art nach durch das Abkommen vermieden werden soll (vgl. z. B. Tz. 2.4.2), kann der Antrag schon hierauf gestützt werden, ohne dass feststeht, welcher Staat vertraglich zur Beseitigung der Doppelbesteuerung verpflichtet ist.

2.3.2 Beispiele für eine dem Abkommen nicht entsprechende Besteuerung:

— Einkünfte, die im anderen Staat aufgrund eines DBA nicht zu versteuern sind, werden dort zur Besteuerung herangezogen;

49

— im anderen Staat zu besteuernde Einkünfte sind nicht zutreffend auf der gemeinsamen Rechtsgrundlage des DBA abgegrenzt worden; dies gilt nach deutscher Vertragsauffassung bei international verbundenen Unternehmen nach dem Grundsatz des Fremdverhaltens selbst dann, wenn Sonderklauseln im DBA fehlen;

— die Besteuerung im anderen Staat verstößt gegen ein Diskriminierungsverbot des DBA;

— der andere Staat ist bei der Gewährung von Steuerentlastungen aufgrund eines DBA in einer Weise säumig, die Rechte nach dem DBA nachhaltig beeinträchtigen;

— ein Qualifikationskonflikt verursacht eine Doppelbesteuerung, die ihrer Art nach durch das DBA vermieden werden soll.

2.3.3 Zur Beschleunigung des Verfahrens sollte bereits der Antrag auf Einleitung des Verständigungsverfahrens in der Regel enthalten:

— Name, Anschrift (Sitz), Steuernummer und örtlich zuständiges Finanzamt des Abkommensberechtigten;

— detaillierte Angaben zu den für den Fall relevanten Tatsachen und Umständen;

— Angaben zu den vom Antrag betroffenen Besteuerungszeiträumen;

— Kopien der Steuerbescheide, des Betriebsprüfungsberichts oder vergleichbarer Dokumente, die zu der behaupteten Doppelbesteuerung geführt haben sowie weiterer bedeutsamer Dokumente (z. B. Verträge, Anträge auf Erstattung/Ermäßigung ausländischer Quellensteuer);

— detaillierte Angaben zu etwaigen außergerichtlichen oder gerichtlichen Rechtsbehelfsverfahren und etwaigen den Fall betreffenden Gerichtsurteilen im In- und Ausland;

— in Fällen der Gewinnabgrenzung zwischen verbundenen Unternehmen und bei Betriebsstätten die Angaben und Unterlagen gemäß Tz. 11.3.2;

— eine Darlegung seitens des Abkommensberechtigten, inwiefern nach seiner Auffassung die Besteuerung im In- oder Ausland nicht dem Abkommen entspricht;

— den Antrag des Abkommensberechtigten.

2.4　Einleitung des Verständigungsverfahrens und Rechtsschutz

2.4.1 Vor Einleitung des Verständigungsverfahrens ist zu prüfen, ob dem Begehren des Abkommensberechtigten der Sache nach durch deutsche innerstaatliche Maßnahmen abgeholfen werden kann. Ggf. ergreifen die zuständigen deutschen Finanzbehörden von Amts wegen die notwendigen Maßnahmen.

2.4.2 In der Regel soll ein Verständigungsverfahren erst eingeleitet werden, wenn ein Vertragsstaat Maßnahmen, die zu der abkommenswidrigen Besteuerung führen oder führen werden, bereits ergriffen hat. Im Einzelfall kann ein Verfahren

aber schon eingeleitet werden, wenn sich eine solche Maßnahme konkret abzeichnet. Dies kann z. B. der Fall sein, wenn die ausländische Finanzverwaltung in einer Betriebsprüfung bestimmte Besteuerungsmaßnahmen angekündigt oder sich zu der betreffenden Frage in einer Auskunft verbindlich geäußert hat.

2.4.3 Ergibt die Prüfung des BZSt, dass die materiellen Voraussetzungen für das Verständigungsverfahren hinreichend dargelegt sind, leitet es das Verständigungsverfahren ein.

Im Falle der Ablehnung eines Antrages auf Einleitung eines Verständigungsverfahrens durch das BZSt unterrichtet dieses unverzüglich den Abkommensberechtigten und die zuständige Landesfinanzverwaltung über diese Entscheidung.

2.4.4 Wird der Antrag auf Einleitung eines Verständigungsverfahrens vor Bekanntgabe des Steuerbescheids gestellt, kann die Steuerfestsetzung — soweit ungewiss ist, ob die Voraussetzungen für die Entstehung einer Steuer eingetreten sind — vorläufig erfolgen (§ 165 AO).

2.5　Einleitung des Verständigungsverfahrens durch ausländische Finanzbehörden

Leitet eine ausländische Finanzverwaltung ein Verständigungsverfahren ein, überprüft das BZSt die formellen Voraussetzungen. Es leitet das Einleitungsschreiben der ausländischen Finanzverwaltung unverzüglich der zuständigen obersten Landesfinanzbehörde zu.

3　Durchführung des Verständigungsverfahrens

3.1　Allgemeine Verfahrensgrundsätze

3.1.1 Das BZSt führt das Verständigungsverfahren in unmittelbarem Verkehr mit der zuständigen Behörde des anderen Staates nach internationaler Staatenpraxis. Die Einzelheiten richten sich nach den Verhältnissen des Einzelfalls und dem Gebot der Zweckmäßigkeit. Es gelten die allgemeinen Verfahrensgrundsätze.

3.1.2 Alle Angaben, die der deutschen Finanzverwaltung im Rahmen eines Verständigungsverfahrens bekannt werden, unterliegen dem Steuergeheimnis (§ 30 AO). Das BZSt stellt, soweit erforderlich, einen entsprechenden Schutz derartiger Informationen im Ausland nach dortigem Recht sicher, z. B. durch Einholung von Zusicherungen. Unberührt bleibt die im DBA selbst verankerte Geheimhaltungspflicht in Fällen, in denen im Rahmen des Verständigungsverfahrens Auskünfte nach den Bestimmungen der zwischenstaatlichen Amtshilfe erteilt worden sind.

3.1.3 Das BZSt unterrichtet die zuständige oberste oder die beauftragte Landesfinanzbehörde über den Inhalt und den Fortgang des Verfahrens. Die zuständige oberste oder die beauftragte Landesfinanzbehörde informiert das BZSt über Entwicklungen in dem Besteuerungsfall, soweit sie für das Verständigungsverfahren relevant sind.

3.1.4 Schreiben ausländischer Finanzbehörden werden vom BZSt in die deutsche Sprache übersetzt. Einfach gelagerte Schreiben in englischer Sprache sowie Anlagen werden dagegen — sofern nicht im Einzelfall notwendig — nicht in die deutsche Sprache übersetzt.

3.2 Sachverhaltsaufklärung und Herbeiführung einer Verständigung

3.2.1 Soweit das Ziel des Verständigungsverfahrens (vgl. Tz. 1.3) dies erfordert, ist der Sachverhalt von Amts wegen nach den Vorschriften der AO zu ermitteln. Zuständig sind grundsätzlich die örtlichen Finanzämter. Der Antragsteller ist zur Mitwirkung verpflichtet (§ 90 AO).

3.2.2 Im Rahmen des Verständigungsverfahrens ist auch das Ergebnis der Ermittlung des Sachverhalts durch die Finanzbehörden des anderen Staates heranzuziehen.

3.2.3 Im Einvernehmen mit der zuständigen Behörde des anderen Staates können hierzu von der deutschen oder ausländischen Finanzverwaltung bestimmte Bedienstete beauftragt werden, einen gemeinsamen Bericht zu erstellen, der

— eine gemeinsame Sachverhaltsfeststellung enthält;

— Sachverhalte gemeinsam bewertet und

— Eckwerte für notwendige Schätzungen vorschlägt.

Der Bericht ist vor seiner Erörterung durch die zuständigen Behörden den beteiligten Steuerpflichtigen bekannt zu geben, die zu ihm Stellung nehmen sollen. Von einem Bericht kann abgesehen werden, wenn die Angelegenheit auf andere Weise einvernehmlich mit dem Steuerpflichtigen erledigt werden kann.

3.2.4 Ergeben sich bei der Ermittlung des Sachverhalts durch die deutschen und die ausländischen Finanzbehörden Widersprüche, können sie durch abgestimmte Ermittlungen beider Verwaltungen oder durch Verständigungsgespräche aufgeklärt werden.

3.2.5 Zur Ermittlung des Sachverhalts und zur Herbeiführung einer Verständigung kann

— ein mündlicher Meinungsaustausch mit der zuständigen Behörde des anderen Staates durchgeführt werden;

— eine besondere Kommission aus Vertretern der zuständigen Behörden für einen solchen Meinungsaustausch gebildet werden;

— eine aufgrund besonderer Erfahrung ausgewählte Person bestimmt werden, um die Einigung zu fördern, z. B. durch ein Sachverständigengutachten.

3.2.6 Eine Einigung über die Annahme eines bestimmten Sachverhalts und über eine bestimmte Sachbehandlung ist unter den dafür geltenden allgemeinen Voraussetzungen zulässig (vgl. Anwendungserlass zur Abgabenordnung vom 15. Juli 1998 — BStBl I S. 630 — zu § 88 AO — Untersuchungsgrundsatz —).

3.3 Mitwirkung und Rechte des Abkommensberechtigten

3.3.1 Beteiligte des Verständigungsverfahrens sind nur die zuständigen Behörden der Vertragsstaaten.

Dem Abkommensberechtigten obliegt es, durch die Darlegung seiner Verhältnisse, Bezeichnung und ggf. Beibringung seiner Beweisunterlagen zu dem Verfahren beizutragen. Das BZSt soll den Abkommensberechtigten über den Stand und Fortgang des Verfahrens unterrichten. Der Abkommensberechtigte kann

— Anträge stellen;

— sich zu den für die Verständigung erheblichen Tatsachen und Rechtsfragen äußern;

— sich durch einen Bevollmächtigten vertreten lassen.

Das BZSt unterrichtet den Abkommensberechtigten über das Ergebnis des Verfahrens.

3.3.2 Zu der Frage, wieweit der Abkommensberechtigte zur Zurücknahme von Rechtsbehelfen oder Einwendungen bereit ist, braucht sich der Abkommensberechtigte erst zu äußern, wenn ihm ein Verständigungsvorschlag mitgeteilt worden ist.

3.4 Verständigung

Die Verständigung erfolgt im Allgemeinen schriftlich (z. B. durch einen abschließenden Briefwechsel). Sie steht in aller Regel unter dem Vorbehalt, dass sich der Antragsteller mit ihr einverstanden erklärt und anhängige Rechtsbehelfsverfahren erledigt werden (s. dazu auch Tz. 4.2).

4 Umsetzung von Verständigungsvereinbarungen

4.1 Bestandskraft von Bescheiden und Verjährung

Die Verständigungsvereinbarung kann nach § 175a AO ungeachtet der Bestandskraft deutscher Bescheide umgesetzt werden. Die Festsetzungsfrist endet insoweit nicht vor Ablauf eines Jahres nach dem Wirksamwerden der Verständigungsvereinbarung. Der Antrag auf Einleitung eines Verständigungsverfahrens bei einer inländischen Finanzbehörde hemmt den Ablauf der Festsetzungsfrist nach Maßgabe des § 171 Abs. 3 AO, wenn damit gleichzeitig die Änderung des Steuerbescheids beantragt wird.

4.2 Zustimmung des Antragstellers

Bei der Umsetzung der Verständigungsvereinbarung ist im Rahmen des Zustimmungsvorbehalts (vgl. Tz. 3.4 Satz 2) von dem örtlich zuständigen Finanzamt vor Erteilung eines (Änderungs-)Bescheides sicher zu stellen, dass

— sich der Antragsteller mit der Umsetzung schriftlich einverstanden erklärt;

— schwebende Rechtsbehelfsverfahren ihre Erledigung finden und

— der Antragsteller nach Bekanntgabe des die Verständigungsvereinbarung umsetzenden Bescheides auf einen Rechtsbehelf verzichtet, soweit mit diesem die Ergebnisse der Verständigungsvereinbarung zutreffend umgesetzt werden (Teilverzicht).

Auf die §§ 354 Abs. 1a und 362 Abs. 1a AO sowie die §§ 50 Abs. 1a und 72 Abs. 1a FGO wird verwiesen. Soweit sich Schwierigkeiten oder Zweifel ergeben, ist das BZSt zu unterrichten.

5　Verzicht auf ein Verständigungsverfahren

Zur Beschleunigung und Vereinfachung seines Besteuerungsverfahrens (z. B. zur Vermeidung von Verzögerungen und Kosten durch eine für Zwecke eines etwaigen Verständigungsverfahrens ansonsten erforderliche aufwändige Ermittlung von Sachverhalten) kann ein Abkommensberechtigter erklären, dass er einen Antrag auf Einleitung eines Verständigungsverfahrens nicht stellen wird. In Betriebsstättenfällen und in Fällen verbundener Unternehmen ist zur Absicherung der deutschen Besteuerung darauf hinzuwirken, dass das ausländische Unternehmen, zu dem die Betriebsstätte gehört, bzw. auch das verbundene ausländische Unternehmen darauf verzichtet, die Einleitung eines Verständigungsverfahrens zu beantragen.

Ein gegenüber der zuständigen deutschen Finanzbehörde erklärter Verzicht eines Abkommensberechtigten auf ein Verständigungsverfahren bindet den ausländischen Staat jedoch nicht. Liegt allerdings eine solche Erklärung vor, stimmt die deutsche Finanzverwaltung der Durchführung eines Verständigungsverfahrens regelmäßig nicht zu. In Fällen verbundener Unternehmen und bei Betriebsstätten gilt dies nur dann, wenn eine Verzichtserklärung des ausländischen Unternehmens, zu dem die Betriebsstätte gehört, bzw. eine Erklärung sowohl des inländischen als auch des ausländischen verbundenen Unternehmens vorliegt.

6　Verständigungsverfahren und Betriebsprüfung

6.1　In einem Verständigungsverfahren während einer Betriebsprüfung sind insbesondere die Bestimmungen der Tz. 1.2.2 bis 1.2.6 der Verwaltungsgrundsätze (s. BMF-Schreiben vom 23. Februar 1983 — IV C 5 — S 1341 — 4/83 —, BStBl I S. 218) heranzuziehen. Sie sind entsprechend anzuwenden bei der Aufteilung von Gewinnen zwischen Betriebsstätten international tätiger Unternehmen.

6.2　Im Hinblick auf ein mögliches Verständigungsverfahren sind Berichtigungen im Betriebsprüfungsbericht so genau darzustellen, dass das BZSt aufgrund der Angaben in den Prüfungsunterlagen und Akten dazu in der Lage ist, den Sachverhalt, die Rechtsgrundlage und die Begründung für die Berichtigung sowie die Höhe des Berichtigungsvolumens nachzuvollziehen (s. auch Tz. 6.2.1 der Grundsätze für die Prüfung der Einkunftsabgrenzung zwischen nahestehenden Personen mit grenzüberschreitenden Geschäftsbeziehungen in Bezug auf Ermittlungs- und Mitwirkungspflichten, Berichtigungen sowie auf Verständigungs- und EU-Schiedsverfahren [Verwaltungsgrundsätze-Verfahren — BMF-Schreiben vom 12. April 2005 — IV B 4 — S 1341 — 1/05 —, BStBl I S. 570]).

7　Verständigungsverfahren und zwischenstaatlicher Auskunftsaustausch

Die Auskunftsklauseln der DBA und die Bestimmungen des EGAHiG finden auch im Verständigungsverfahren Anwendung. Soweit die Auskunftsklausel des jeweils anzuwendenden DBA oder das EGAHiG es zulassen, können auch im Verständigungsverfahren alle erforderlichen Informationen ausgetauscht werden. Die Grundsätze des „Merkblatts zur zwischenstaatlichen Amtshilfe durch Auskunftsaustausch in Steuersachen" (BMF-Schreiben vom 25. Januar 2006 — IV B 1 — S 1320 — 11/06 —, BStBl I S. 26) sind zu beachten.

8　Folgen des Scheiterns eines Verständigungsverfahrens

8.1　Im Falle eines Scheiterns des Verständigungsverfahrens unterrichtet das BZSt unverzüglich den Abkommensberechtigten und die zuständige Landesfinanzverwaltung über diese Entscheidung.

8.2　Vom örtlich zuständigen Finanzamt ist zu prüfen, ob eine Doppelbesteuerung unter den Voraussetzungen des § 163 AO unter dem Gesichtspunkt der sachlichen Unbilligkeit vermieden werden kann. Die gesonderten Zuständigkeitsregelungen und die Mitwirkung des BMF bei Billigkeitsmaßnahmen sind hierbei zu beachten.

Eine Billigkeitsmaßnahme entfällt jedoch insbesondere dann, wenn der Steuerpflichtige verfahrensrechtliche Vorschriften nicht beachtet hat (vgl. Tz. 2.1.7) sowie in Fällen, in denen der Steuerpflichtige

— seinen steuerlichen Pflichten im Inland oder Ausland nicht ausreichend nachgekommen ist (z. B. mangelhafte Mitwirkung bei der Sachverhaltsaufklärung), oder

— der Steuerpflichtige falsche Angaben in einem steuerrechtlichen oder in einem sonstigen Verwaltungsverfahren (z. B. in einem Arbeitsbewilligungsverfahren) gemacht hat (z. B. Scheindomizil)

und hierdurch die eingetretene Doppelbesteuerung mitverursacht worden ist. Dies gilt auch, wenn nach § 34c Abs. 6 Satz 5 EStG ein Abzug der ausländischen Steuer nach § 34c Abs. 3 EStG ab dem Veranlagungszeitraum 2000 ausgeschlossen ist, weil die ausländische Besteuerung inländischer Einkünfte ihre Ursache in einer Gestaltung hat, für die wirtschaftliche oder sonst beachtliche Gründe fehlen.

8.3　Das BZSt schlägt die Einleitung eines Schiedsverfahrens vor, soweit dies nach dem jeweiligen DBA vorgesehen und nach dem Stand der Verständigungsverhandlungen angezeigt ist.

Nach Art. 25 Abs. 5 DBA-Österreich hat der Abkommensberechtigte nach Ablauf von drei Jahren nach Verfahrenseinleitung die Möglichkeit, die Vertragsstaaten zu verpflichten, den Fall im Rahmen eines Schiedsverfahrens dem EuGH vorzulegen.

9 Kosten des Verständigungsverfahrens nach den DBA

Die Vertragsstaaten tragen die ihnen durch das Verständigungsverfahren entstandenen Kosten selbst; die dem Abkommensberechtigten entstandenen Kosten werden nicht erstattet.

C Verständigungs- und Schiedsverfahren nach der EU-Schiedskonvention

Die Bestimmungen dieses Abschnitts sind anzuwenden für Anträge auf Einleitung eines Verständigungsverfahrens nach Art. 6 Abs. 1 der Schiedskonvention (vgl. Tz. 1.1).

10 Vorverfahren nach Art. 5 der Schiedskonvention

10.1 Beabsichtigt die Finanzbehörde den Gewinn eines Unternehmens gemäß Art. 4 der Schiedskonvention zu berichtigen, muss sie das Unternehmen frühzeitig darauf hinweisen und ihm Gelegenheit geben, die betroffenen verbundenen Unternehmen in den anderen Vertragsstaaten zu unterrichten. Diese anderen Unternehmen haben dann ihrerseits Gelegenheit, die Angelegenheit mit den für sie zuständigen Finanzbehörden zu erörtern, um eine Gegenberichtigung zu erreichen.

10.2 Stimmen die beteiligten Finanzbehörden und Unternehmen der Berichtigung und Gegenberichtigung zu, kommt ein Verständigungs- und Schiedsverfahren nicht in Betracht.

11 Einleitung des Verständigungsverfahrens

11.1 Antragstellung

11.1.1 Das Verständigungsverfahren setzt nach Art. 6 Abs. 1 der Schiedskonvention einen Antrag des betroffenen Unternehmens voraus. In diesem Antrag ist deutlich zu machen, dass sich das Unternehmen auf die Schiedskonvention stützt.

11.1.2 Der Antrag sollte zweckmäßigerweise im Staat des übergeordneten Steuerpflichtigen gestellt werden. Entsprechendes gilt, wenn die Aufteilung von Betriebsstättengewinnen nach Art. 4 Nr. 2 der Schiedskonvention in Frage steht; die Betriebsstätte gilt für Zwecke der Schiedskonvention als Unternehmen des anderen Vertragsstaats (Art. 1 Abs. 2 der Schiedskonvention).

11.1.3 Im Falle der Antragstellung im Inland ist das Verständigungsverfahren beim BZSt zu beantragen.

11.1.4 Tz. 2.1.5 gilt entsprechend (vgl. aber Tz. 13.1.3 und 13.1.4).

11.2 Antragsfrist

11.2.1 Der Antrag ist nach Art. 6 Abs. 1 Satz 2 der Schiedskonvention innerhalb von drei Jahren nach der ersten Mitteilung der Maßnahme zu unterbreiten, die eine Doppelbesteuerung im Sinne des Art. 1 der Schiedskonvention, z. B. infolge einer Verrechnungspreiskorrektur, herbeigeführt hat oder herbeiführen kann. Diese Frist beginnt mit der Bekanntgabe des ersten Bescheides, der zu einer Doppelbesteuerung führt (z. B. geänderter Steuerbescheid).

Bei Antragstellung im Inland ist für die Fristwahrung der Eingang des Antrags beim BZSt maßgeblich.

11.2.2 Tz. 2.2.1 gilt entsprechend.

11.3 Inhalt des Antrags

11.3.1 Der Antrag ist nur zulässig, wenn geltend gemacht wird, dass die in Art. 4 der Schiedskonvention genannten Grundsätze nicht beachtet worden sind (Art. 6 Abs. 1 Satz 1 der Schiedskonvention).

11.3.2 Der Antrag hat die folgenden Angaben und Unterlagen zu enthalten:

1. Name, Anschrift (Sitz), Steuernummer und örtlich zuständiges Finanzamt des antragstellenden Unternehmens des Vertragsstaats sowie der anderen Beteiligten an den betreffenden Geschäftsvorfällen;

2. detaillierte Angaben zu den für den Fall relevanten Tatsachen und Umständen (einschließlich Einzelheiten über die Beziehungen zwischen dem Unternehmen und den anderen Beteiligten an den betreffenden Geschäftsvorfällen);

3. Angaben zu den vom Antrag betroffenen Besteuerungszeiträumen;

4. Kopien der Steuerbescheide, des Betriebsprüfungsberichts oder vergleichbarer Dokumente, die zu der behaupteten Doppelbesteuerung geführt haben;

5. detaillierte Angaben zu etwaigen außergerichtlichen oder gerichtlichen Rechtsbehelfsverfahren, die das Unternehmen oder die anderen an den betreffenden Geschäftsvorfällen Beteiligten eingeleitet haben, sowie zu etwaigen den Fall betreffenden Gerichtsurteilen;

6. eine Darlegung seitens des Unternehmens, inwiefern nach seiner Auffassung die in Art. 4 der Schiedskonvention festgelegten Grundsätze nicht beachtet wurden;

7. eine Zusage des Unternehmens, dass es so umfassend und so schnell wie möglich alle Nachfragen einer zuständigen Behörde beantworten und den zuständigen Behörden die erforderlichen Unterlagen zur Verfügung stellen wird;

11.3.3 Zur Vermeidung von Verzögerungen sollte ein schriftlicher Antrag in 3facher Ausfertigung eingereicht werden.

11.3.4 Weitere Informationen zu den dem Antrag beizufügenden standardmäßigen Angaben und Unterlagen können auf der Internetseite des BZSt unter „http://www.bzst.de" abgerufen werden.

11.4 Einleitung des Verständigungsverfahrens bei Antragstellung im Inland

11.4.1 Das BZSt leitet den Antrag des Unternehmens unverzüglich der zuständigen obersten Landesfinanzbehörde und dem für die Besteuerung des Unternehmens örtlich zuständigen Finanzamt zu und bestätigt dem Unternehmen innerhalb eines

Monats den Eingang seines Antrags. Gleichzeitig unterrichtet das BZSt die zuständigen Behörden der anderen an dem Fall beteiligten Vertragsstaaten über den Eingang des Antrags durch Übermittlung einer Kopie des Antrags des Unternehmens.

11.4.2 Das BZSt prüft, ob die zur Einleitung eines Verständigungsverfahrens notwendigen Informationen gemäß Tz. 11.3.2 vorliegen und fordert ggf. das Unternehmen innerhalb von zwei Monaten nach Eingang des Antrags zur Übermittlung der fehlenden sowie unter Umständen weiterer Informationen auf. Auf Tz. 13.1.2 wird hingewiesen.

Dem BZSt bleibt es unbenommen, ergänzende Informationen zu einem späteren Zeitpunkt anzufordern.

11.4.3 Kann dem Begehren des Unternehmens der Sache nach durch deutsche innerstaatliche Maßnahmen abgeholfen werden, ergreifen die zuständigen deutschen Finanzbehörden von Amts wegen die notwendigen Maßnahmen. Das BZSt unterrichtet das Unternehmen und die zuständigen Behörden der anderen an dem Fall beteiligten Vertragsstaaten unverzüglich, spätestens aber zu dem unter Tz. 11.4.4. genannten Zeitpunkt, über diese Entscheidung.

11.4.4 Ergibt die Prüfung, dass der Antrag zulässig und hinreichend begründet ist und können die zuständigen deutschen Finanzbehörden keine zufrieden stellende Lösung herbeiführen, leitet das BZSt das Verständigungsverfahren nach Art. 6 Abs. 2 der Schiedskonvention gegenüber den zuständigen Behörden der anderen an dem Fall beteiligten Vertragsstaaten spätestens vier Monate nach dem späteren der nachfolgenden Zeitpunkte ein:

a) Datum des Steuerbescheids, mit dem die Entscheidung über die Einkommenserhöhung festgesetzt oder festgestellt worden ist, oder

b) Datum, an dem der Antrag des Unternehmens sowie die Informationen gemäß Tz. 11.3.2 und 11.4.2 Satz 1 dem BZSt vorliegen.

11.4.5 Das BZSt unterrichtet das antragstellende Unternehmen über die Einleitung des Verständigungsverfahrens und teilt diesem mit, ob der Antrag fristgerecht eingereicht wurde ist und an welchem Tag die Zweijahresfrist gemäß Art. 7 Abs. 1 der Schiedskonvention begonnen hat.

11.5　Einleitung des Verständigungsverfahrens bei Antragstellung im Ausland

Unterrichtet die zuständige Behörde eines anderen Vertragsstaats das BZSt über den Eingang eines Antrags auf Einleitung eines Verständigungsverfahrens oder leitet die zuständige Behörde eines anderen Vertragsstaats das Verständigungsverfahren ein, prüft das BZSt die formellen Voraussetzungen und bittet ggf. die zuständige Behörde des anderen Vertragsstaats um Übersendung der unter Tz. 12.2.2 Satz 1 genannten Angaben und Unterlagen. Das BZSt leitet das Schreiben der ausländischen Finanzverwaltung unverzüglich der zuständigen obersten Landesfinanzbehörde und dem für die Besteue-

rung des Unternehmens örtlich zuständigen Finanzamt zur Stellungnahme zu.

12　Durchführung des Verständigungsverfahrens

12.1　Allgemeine Verfahrensgrundsätze

12.1.1 Wird der Antrag auf Einleitung eines Verständigungsverfahrens im Inland gestellt, unterrichtet das BZSt das Unternehmen über die wesentlichen Entwicklungen. Informationen über geäußerte oder erhaltene Rechtsauffassungen (z. B. aus Positionspapieren) werden grundsätzlich nicht erteilt.

12.1.2 Die Tz. 3, 4, 5, 6 und 7 gelten entsprechend.

12.1.3 Die Vertragsstaaten sind an den Grundsatz des Fremdvergleichs des Art. 4 der Schiedskonvention gebunden. Dieser entspricht dem Fremdvergleichsgrundsatz des Art. 9 OECD-MA.

12.1.4 Nach Art. 8 Abs. 2 der Schiedskonvention kann ein Verständigungs- oder Schiedsverfahren ausgesetzt werden, wenn bei einem der beteiligten Unternehmen ein Gerichts- oder Verwaltungsverfahren anhängig ist, mit dem festgestellt werden soll, ob dieses durch Handlungen, die eine Gewinnberichtigung nach Art. 4 der Schiedskonvention zur Folge haben, einen empfindlich zu bestrafenden Verstoß gegen steuerliche Vorschriften begangen hat.

Wird ein derartiger Verstoß festgestellt, entfällt nach Art. 8 Abs. 1 der Schiedskonvention die Verpflichtung auf Einleitung eines Verständigungsverfahrens oder zur Einsetzung des Beratenden Ausschusses.

12.2　Verfahrensablauf bei Antragstellung im Inland

12.2.1 Gewinnkorrektur durch inländische Finanzbehörde

Wurde die Maßnahme, die eine Doppelbesteuerung im Sinne des Art. 1 der Schiedskonvention herbeigeführt hat oder herbeiführen könnte, von einer inländischen Finanzbehörde erlassen, übersendet das BZSt regelmäßig mit dem Einleitungsschreiben, spätestens aber zu dem unter Tz. 11.4.4 genannten Zeitpunkt, den zuständigen Behörden der anderen an dem Fall beteiligten Vertragsstaaten ein Positionspapier. Dieses enthält die folgenden Angaben und Unterlagen:

— Bestätigung, dass der Fall innerhalb der nach Art. 6 Abs. 1 der Schiedskonvention genannten Frist unterbreitet wurde;

— Mitteilung über den Beginn der Zweijahresfrist nach Art. 7 Abs. 1 der Schiedskonvention (zur Zweijahresfrist vgl. Tz. 13.1.2 und 13.1.3);

— Darlegung des Falles durch den Antragsteller;

— Beurteilung des Sachverhalts durch das BZSt, z. B. aus welchem Grund eine Doppelbesteuerung vorliegt oder wahrscheinlich eintreten könnte;

— Vorschlag, wie der Fall im Hinblick auf die Beseitigung der Doppelbesteuerung gelöst werden könnte, einschließlich umfassender Erläuterung des Lösungsvorschlags;

— vollständige Begründung der Steuerfestsetzung oder der Korrekturen;

— Beifügung der Unterlagen von grundsätzlicher Bedeutung zur Darlegung des Standpunktes;

— Liste aller weiteren Unterlagen, die bei der Vornahme der Korrektur verwendet wurden.

Zur Erstellung dieses Positionspapiers übermittelt die zuständige Landesfinanzverwaltung dem BZSt eine entsprechende Stellungnahme mit den erforderlichen Unterlagen und einem Lösungsvorschlag spätestens drei Monate nach dem späteren der in Tz. 11.4.4 Buchstaben a und b genannten Zeitpunkte.

12.2.2 Gewinnkorrektur durch ausländische Finanzbehörde

Wurde die Maßnahme, die eine Doppelbesteuerung im Sinne des Art. 1 der Schiedskonvention herbeigeführt hat oder herbeiführen könnte, von einer ausländischen Finanzbehörde erlassen, fügt das BZSt seinem Einleitungsschreiben an die zuständigen Behörden der anderen an dem Fall beteiligten Vertragsstaaten (Tz. 11.4.4) die folgenden Angaben und Unterlagen bei:

— die Informationen gemäß Tz. 11.3.2 und 11.4.2;

— Bestätigung, dass der Fall innerhalb der Frist gemäß Art. 6 Abs. 1 der Schiedskonvention unterbreitet wurde;

— Mitteilung über den Beginn der Zweijahresfrist nach Art. 7 Abs. 1 der Schiedskonvention.

Ergibt die nach Eingang des Antwortschreibens der ausländischen Finanzverwaltung durchzuführende Prüfung, dass eine Doppelbesteuerung

a) vorliegt oder droht, und wird mit der in dem Antwortschreiben der ausländischen Finanzverwaltung vorgeschlagenen Lösung übereingestimmt, teilt das BZSt dies den zuständigen Behörden der anderen an dem Fall beteiligten Vertragsstaaten innerhalb von sechs Monaten nach Eingang des Antwortschreibens mit. Tz. 2.4.1 Satz 2 gilt entsprechend.

b) nicht vorliegt oder droht, oder wird nicht mit der in dem Antwortschreiben der ausländischen Finanzverwaltung vorgeschlagenen Lösung übereingestimmt, übermittelt das BZSt seinerseits den zuständigen Behörden der anderen an dem Fall beteiligten Vertragsstaaten ein Positionspapier. Dieses ergeht spätestens sechs Monate nach Eingang des Antwortschreibens des anderen Staates. In dem Schreiben schlägt das BZSt einen unverbindlichen Zeitplan vor, wie mit dem Fall weiter zu verfahren ist. Ggf. schlägt das BZSt zugleich einen Termin für ein Verständigungsgespräch vor, das spätestens 18 Monate nach dem späteren der in Tz. 11.4.4 Buchstaben a und b genannten Zeitpunkte stattfinden sollte.

Zur Erstellung des Positionspapiers übermittelt die zuständige Landesfinanzverwaltung dem BZSt eine entsprechende Stellungnahme mit den erforderlichen Unterlagen und einem

Lösungsvorschlag spätestens einen Monat vor dem in Satz 2 genannten Zeitpunkt.

12.3 **Verfahrensablauf bei Antragstellung im Ausland**

12.3.1 Gewinnkorrektur durch inländische Finanzbehörde

Wurde die Maßnahme, die eine Doppelbesteuerung im Sinne des Art. 1 der Schiedskonvention herbeigeführt hat oder herbeiführen könnte, von einer inländischen Finanzbehörde erlassen, übermittelt das BZSt nach Einleitung des Verständigungsverfahrens durch den ausländischen Staat den zuständigen Behörden der anderen an dem Fall beteiligten Vertragsstaaten ein Positionspapier. Dieses enthält die unter Tz. 12.2.1 genannten Angaben und Unterlagen, soweit diese nicht bereits dem Einleitungsschreiben des ausländischen Staates zu entnehmen sind. Die Übermittlung des Positionspapiers erfolgt innerhalb von vier Monaten nach dem späteren der nachfolgenden Zeitpunkte:

— Datum des Steuerbescheids, mit dem die Entscheidung über die Einkommenserhöhung festgesetzt oder festgestellt worden ist;

— Eingang der Einleitung des Verständigungsverfahrens durch die zuständige Behörde des anderen Vertragsstaats und Zugang der Informationen entsprechend Tz. 12.2.2 Satz 1 beim BZSt.

Zur Erstellung des Positionspapiers übermittelt die zuständige Landesfinanzverwaltung dem BZSt eine entsprechende Stellungnahme mit den erforderlichen Unterlagen und einem Lösungsvorschlag spätestens einen Monat vor dem im vorangegangenen Satz genannten Zeitpunkt.

12.3.2 Gewinnkorrektur durch ausländische Finanzbehörde

Wurde die Maßnahme, die eine Doppelbesteuerung im Sinne des Art. 1 der Schiedskonvention herbeigeführt hat oder herbeiführen könnte, von einer ausländischen Finanzbehörde erlassen und ergibt die nach Eingang der Stellungnahme der ausländischen Finanzverwaltung durchzuführende Prüfung, dass eine Doppelbesteuerung

a) vorliegt oder droht, und wird mit der in der Stellungnahme der ausländischen Finanzverwaltung vorgeschlagenen Lösung übereingestimmt, teilt das BZSt dies den zuständigen Behörden der anderen an dem Fall beteiligten Vertragsstaaten mit. Die Mitteilung erfolgt innerhalb von sechs Monaten nach dem späteren der nachfolgenden Zeitpunkte:

— Datum des Steuerbescheids, mit dem die Entscheidung über die Einkommenserhöhung festgesetzt oder festgestellt worden ist;

— Eingang der Stellungnahme der ausländischen Finanzverwaltung und Zugang der Informationen entsprechend Tz. 12.2.2 Satz 1 beim BZSt.

b) nicht vorliegt oder droht, oder wird nicht mit der in der Stellungnahme der ausländischen Finanzverwaltung vorgeschlagenen Lösung übereingestimmt, übermittelt das BZSt seinerseits den zuständigen Behörden der anderen an dem Fall beteiligten Vertragsstaaten ein Positionspapier. Dieses ergeht spätestens zu dem unter Buchstabe a dieser Tz. genannten Zeitpunkt. In dem Schreiben schlägt das BZSt einen unverbindlichen Zeitplan vor, wie mit dem Fall weiter zu verfahren ist. Ggf. schlägt das BZSt zugleich einen Termin für ein Verständigungsgespräch vor, das spätestens 18 Monate nach dem späteren der in Tz. 11.4.4 Buchstaben a und b genannten Zeitpunkte stattfinden sollte.

Zur Erstellung des Positionspapiers übermittelt die zuständige Landesfinanzverwaltung dem BZSt eine entsprechende Stellungnahme mit den erforderlichen Unterlagen und einem Lösungsvorschlag spätestens einen Monat vor dem unter Buchstabe a dieser Tz. genannten Zeitpunkt.

13 Schiedsverfahren

13.1 Allgemeines

13.1.1 Führt das Verständigungsverfahren nicht innerhalb von zwei Jahren zu einer Einigung, so sind die zuständigen Behörden der beteiligten Vertragsstaaten verpflichtet, einen Beratenden Ausschuss einzusetzen und dessen Stellungnahme einzuholen (Art. 7 der Schiedskonvention). Die zuständigen Behörden können diese Frist von zwei Jahren im Einvernehmen mit den beteiligten Unternehmen verlängern (Art. 7 Abs. 4 der Schiedskonvention).

13.1.2 Die in Art. 7 Abs. 1 der Schiedskonvention genannte Frist von zwei Jahren beginnt an dem Tag, an dem der Fall erstmals einer der zuständigen Behörden (BZSt oder im Falle der Antragstellung bei einer ausländischen Finanzverwaltung die zuständige Behörde dieses anderen Vertragsstaats) unterbreitet worden ist. Dabei gilt der Fall zu dem späteren der nachfolgenden Zeitpunkte als unterbreitet:

— Datum des Steuerbescheids, mit dem die Entscheidung über die Einkommenserhöhung festgesetzt oder festgestellt worden ist;

— Tag des Eingangs sämtlicher der unter Tz. 11.3.2 genannten Angaben und Unterlagen bei der zuständigen Behörde sowie jeder weiteren Information, die die zuständige Behörde innerhalb von zwei Monaten nach Eingang des Antrags des Unternehmens angefordert hat.

13.1.3 Wird der Besteuerungsfall im Rahmen eines eingelegten Rechtsmittels einem Gericht vorgelegt, beginnt die in Art. 7 Abs. 1 der Schiedskonvention genannte Frist von zwei Jahren erst zu dem Zeitpunkt, zu dem die in letzter Instanz im Rahmen der innerstaatlichen Rechtsbehelfe ergangene Entscheidung rechtskräftig geworden ist (Art. 7 Abs. 1 der Schiedskonvention).

13.1.4 Sollte ein Vertragsstaat im Schiedsverfahren nicht von Entscheidungen der Finanzgerichte abweichen können, setzt das Schiedsverfahren voraus, dass das Unternehmen Rechtsbehelfe, soweit sie sich auf den Gegenstand des Schiedsverfahrens beziehen, zurücknimmt oder darauf verzichtet

(Art. 7 Abs. 3 der Schiedskonvention). Diese Einschränkung gilt nicht in Deutschland, da gemäß § 175a AO auch Steuerbescheide, deren Rechtmäßigkeit rechtskräftig gerichtlich bestätigt worden ist, auf Grund der Entscheidung im Schiedsverfahren geändert werden können (§ 110 Abs. 2 FGO).

13.2 Einsetzung des Beratenden Ausschusses

13.2.1 Sofern die zuständigen Behörden der an dem Fall beteiligten Vertragsstaaten nichts anderes vereinbaren, ergreift der Vertragsstaat, der den ersten Steuerbescheid, d. h. die endgültige Entscheidung der Finanzverwaltung über die Einkommenserhöhung oder eine gleich bedeutende Maßnahme erlassen hat, die zu einer Doppelbesteuerung im Sinne des Art. 1 der Schiedskonvention geführt hat oder führen könnte, die Initiative zur Einsetzung des Beratenden Ausschusses und organisiert dessen Sitzungen in Absprache mit den zuständigen Behörden der anderen an dem Fall beteiligten Vertragsstaaten.

13.2.2 Der Ort, an dem der Beratende Ausschuss zusammentritt, und der Ort, an dem er seine Stellungnahme abzugeben hat, können von den zuständigen Behörden der an dem Fall beteiligten Vertragsstaaten im Voraus festgelegt werden.

13.2.3 Das BZSt übermittelt dem Beratenden Ausschuss vor seiner ersten Sitzung alle den Fall betreffenden sachdienlichen Unterlagen und Informationen, insbesondere sämtliche Dokumente, Berichte, Korrespondenzen und Schlussfolgerungen aus dem Verständigungsverfahren.

13.3 Zusammensetzung des Beratenden Ausschusses

13.3.1 Der Beratende Ausschuss besteht in der Regel aus einem unabhängigen Vorsitzenden, je zwei Vertretern der zuständigen Behörden und einer geraden Anzahl — in der Regel zwei — unabhängigen Personen (Art. 9 Abs. 1 der Schiedskonvention). Die Mitglieder des Beratenden Ausschusses unterliegen den Geheimhaltungsvorschriften des Art. 9 Abs. 6 der Schiedskonvention.

13.3.2 Der Beratende Ausschuss wird durch ein Sekretariat unterstützt, das von dem Vertragsstaat gestellt wird, der die Einsetzung des Beratenden Ausschusses veranlasst hat, sofern die zuständigen Behörden der an dem Fall beteiligten Vertragsstaaten nichts anderes vereinbaren. Aus Gründen der Unabhängigkeit ist dieses Sekretariat dem Vorsitzenden des Beratenden Ausschusses unterstellt. Auch die Mitglieder des Sekretariats unterliegen den Geheimhaltungsvorschriften des Art. 9 Abs. 6 der Schiedskonvention.

13.4 Verfahrensgrundsätze

13.4.1 Das Verfahren vor dem Beratenden Ausschuss wird in der oder den Amtssprache(n) der beteiligten Vertragsstaaten geführt, sofern die zuständigen Behörden der an dem Fall beteiligten Vertragsstaaten unter Berücksichtigung der Wünsche des Beratenden Ausschusses nicht etwas anderes vereinbaren. Erklärungen und Dokumente sind ggf. in diese Sprache(n) zu übersetzen.

13.4.2 Der Beratende Ausschuss kann die zuständigen Behörden der an dem Fall beteiligten Vertragsstaaten auffordern, vor dem Beratenden Ausschuss zu erscheinen.

13.4.3 Die betroffenen Unternehmen haben ein Recht auf Anhörung oder Vertretung (Art. 10 Abs. 2 der Schiedskonvention). Es steht ihnen frei, zur Sach- und Rechtslage gegenüber dem Beratenden Ausschuss Stellung zu nehmen und die ihnen notwendig erscheinenden Beweismittel und Schriftstücke vorzulegen (Art. 10 Abs. 1 der Schiedskonvention). Auf Aufforderung des Beratenden Ausschusses sind die betroffenen Unternehmen verpflichtet, Auskünfte zu erteilen oder Beweismittel oder Schriftstücke vorzulegen und vor dem Ausschuss zu erscheinen oder sich dort vertreten zu lassen. Stellungnahmen und Unterlagen, die von einem betroffenen Unternehmen erstmals im Schiedsverfahren abgegeben oder vorgelegt werden, sind von diesem in die Verfahrenssprache(n) gemäß Tz. 13.4.1 zu übersetzen.

13.4.4 Zur Vorbereitung der Entscheidung kann der Beratende Ausschuss auch Zeugen oder Sachverständige anhören.

13.5 Stellungnahme des Beratenden Ausschusses und Entscheidung der zuständigen Behörden

13.5.1 Der Beratende Ausschuss gibt seine Stellungnahme binnen sechs Monaten ab. Er ist hierbei an den Grundsatz des Fremdvergleichs des Art. 4 der Schiedskonvention gebunden (Art. 11 Abs. 1 der Schiedskonvention). Die Stellungnahme ergeht mit einfacher Mehrheit seiner Mitglieder (Art. 11 Abs. 2 der Schiedskonvention).

13.5.2 Die Frist zur Abgabe der Stellungnahme beginnt an dem Tag, an dem der Vorsitzende bestätigt, dass die Ausschussmitglieder alle sachdienlichen Unterlagen und Informationen entsprechend Tz. 13.2.3 von allen zuständigen Behörden der an dem Fall beteiligten Vertragsstaaten erhalten haben.

13.5.3 Die Stellungnahme des Beratenden Ausschusses soll Folgendes enthalten:

  a) die Namen der Mitglieder des Beratenden Ausschusses;

  b) die Namen und Anschriften der beteiligten Unternehmen;

  c) die beteiligten zuständigen Behörden;

  d) eine Beschreibung des dem streitigen Fall zugrunde liegenden Sachverhalts;

  e) eine klare und eindeutige Darlegung, was der Antragsteller fordert;

  f) eine kurze Zusammenfassung des Verfahrens;

  g) die Argumente und Methoden, auf die sich die Entscheidung in der Stellungnahme stützt;

  h) die Stellungnahme;

  i) Ort und Datum der Stellungnahme;

  j) die Unterschriften der Mitglieder des Beratenden Ausschusses.

13.5.4 Nach Abgabe der Stellungnahme des Beratenden Ausschusses haben die zuständigen Behörden

der an dem Fall beteiligten Vertragsstaaten sechs weitere Monate Zeit, sich zu einigen. Sie können von der Stellungnahme des Beratenden Ausschusses abweichen, sofern die Doppelbesteuerung vermieden wird. Können sie sich nicht auf eine abweichende Regelung einigen, sind sie an die Stellungnahme des Beratenden Ausschusses als Schiedsspruch gebunden (Art. 12 Abs. 1 der Schiedskonvention).

13.6 Bekanntgabe der Stellungnahme des Beratenden Ausschusses und der Entscheidung der zuständigen Behörden

13.6.1 Nach Vorliegen der Entscheidung der zuständigen Behörden der an dem Fall beteiligten Vertragsstaaten über die Vermeidung der Doppelbesteuerung, übermittelt die zuständige Behörde, der der Fall unterbreitet wurde, jedem der beteiligten Unternehmen die Entscheidung der zuständigen Behörden und die Stellungnahme des Beratenden Ausschusses.

13.6.2 Stimmen die zuständigen Behörden der an dem Fall beteiligten Vertragsstaaten einer Veröffentlichung der Entscheidung und der Stellungnahme zu, so erfolgt diese Veröffentlichung erst, wenn alle beteiligten Unternehmen der zuständigen Behörde, der der Fall unterbreitet wurde, schriftlich mitgeteilt haben, dass sie keine Einwände gegen die Veröffentlichung der Entscheidung und der Stellungnahme haben (Art. 12 Abs. 2 der Schiedskonvention). Sofern die beteiligten Unternehmen einverstanden sind, können die zuständigen Behörden der an dem Fall beteiligten Vertragsstaaten auch vereinbaren, die Entscheidung und die Stellungnahme sowie Namen der beteiligten Unternehmen zu veröffentlichen, wobei auch alle weiteren Angaben, die eine Identifizierung der beteiligten Unternehmen ermöglichen könnten, anonymisiert werden.

13.6.3 Die Stellungnahme des Beratenden Ausschusses wird in drei Urschriften ausgefertigt, wovon zwei den zuständigen Behörden der an dem Fall beteiligten Vertragsstaaten und eine der Europäischen Kommission zur Archivierung übermittelt werden. Sind mehr als zwei Vertragsstaaten an dem Fall beteiligt, werden entsprechend zusätzliche Ausfertigungen der Urschrift der Stellungnahme des Beratenden Ausschusses gefertigt. Besteht Einvernehmen über die Veröffentlichung der Stellungnahme, so wird sie in der oder den Originalsprache(n) auf der Internetseite der Europäischen Kommission (http://www.ec.europa.eu/) veröffentlicht.

13.6.4 Wegen der Umsetzung der Entscheidung ist Tz. 4 entsprechend anzuwenden.

14 Kosten des Verständigungs- und Schiedsverfahrens nach der Schiedskonvention

14.1 Hinsichtlich der Kosten des Verständigungsverfahrens gilt Tz. 9 entsprechend.

14.2 Die Verfahrenskosten des Beratenden Ausschusses werden von den beteiligten Vertragsstaaten zu gleichen Teilen getragen (Art. 11 Abs. 3 der Schiedskonvention). Zu diesen gehören die Verwaltungskosten des Beratenden Ausschusses sowie die Honorare und Auslagen der unabhängigen Personen.

14.3 Sofern die zuständigen Behörden der an dem Fall beteiligten Vertragsstaaten nichts anderes vereinbaren,

a) ist die Kostenerstattung für die unabhängigen Personen auf die Höhe der üblichen Kostenerstattungen für hochrangige Beschäftigte des Vertragsstaats, der die Einsetzung des Beratenden Ausschusses veranlasst hat, begrenzt; und

b) beträgt das Bruttohonorar für eine unabhängige Person 1.000 EUR pro Sitzungstag des Beratenden Ausschusses; der Vorsitzende erhält ein Honorar, das 10 % über dem der anderen unabhängigen Personen liegt.

14.4 Die Abwicklung der Erstattung der Verfahrenskosten des Beratenden Ausschusses erfolgt durch den Vertragsstaat, der die Einsetzung des Beratenden Ausschusses veranlasst hat, sofern die zuständigen Behörden der an dem Fall beteiligten Vertragsstaaten nichts anderes vereinbaren.

14.5 Kosten, die den betroffenen Unternehmen im Zusammenhang mit dem Verständigungs- oder Schiedsverfahren entstehen, werden den Unternehmen nicht ersetzt (Art. 11 Abs. 3 der Schiedskonvention).

D **Anwendungsregelung und Veröffentlichung**

Dieses Merkblatt tritt an die Stelle des Merkblatts vom 1. Juli 1997 — IV C 5 — S 1300 — 189/96 —, BStBl I 1997 S. 717.

Das Merkblatt ist auf der Internetseite des Bundesministeriums der Finanzen (http://www.bundesfinanzministerium.de) unter der Rubrik Steuern — Veröffentlichungen zu Steuerarten — Internationales Steuerrecht abrufbar.

Im Auftrag

Müller-Gatermann

Literaturverzeichnis

Bödefeld, Axel / *Kuntschik*, Nina: Schiedsverfahren nach DBA, in: IStR 2009, S. 449 ff.

Debatin, Helmut / *Wassermeyer*, Doppelbesteuerung, Kommentar zu allen deutschen Doppelbesteuerungsabkommen, Band I: Kommentierung des OECD-MA, 107. Ergänzungslieferung, München Mai 2009.

Frotscher, Gerrit: Internationales Steuerrecht, 3. Auflage, München 2009.

Gehm, Matthias: Advance Pricing Agreements – Eine kritische Betrachtung, in: Stbg 2005, S. 149 ff.

Gloria, Christian: Der Anspruch auf Durchführung des Verständigungsverfahrens und seine gerichtliche Durchsetzung in den Vereinigten Staaten, in: StuW 1989, S. 138 ff.

Gloria, Christian: Das steuerliche Verständigungsverfahren und das Recht auf diplomatischen Schutz, Zugleich ein Beitrag zur Lehre von der Auslegung der Doppelbesteuerungsabkommen, Berlin 1988.

Gosch, Dietmar / *Kroppen*, Heinz-Klaus / *Grotherr*, Siegfried (Hrsg.): DBA-Kommentar, Doppelbesteuerungsabkommen auf dem Gebiet der Steuern vom Einkommen und vom Vermögen und auf dem Gebiet der Erbschaftsteuer, Teil 1 und 2, 21. Ergänzungslieferung, Herne / Berlin Dezember 2008.

Grotherr, Siegfried: Überlegungen zur Ausgestaltung von speziellen Verfahrensregelungen für Advance Pricing Agreements, in: IStR 2005, S. 350 ff.

Heinrich, Rolf / *Schmitt*, Volker: Bilaterales Advance Pricing Agreement: Ein Erfahrungsbericht, in: DB 2006, S. 2428 ff.

Höppner, Horst-Dieter: Aktuelle Trends bei DBA-Verständigungsverfahren und multilaterale Vereinheitlichung von Dokumentationspflichten, Bericht über ein IFA-Seminar auf dem 56. Kongress der „International Fiscal Association" (IFA) vom 25. bis 30.8.2002 in Oslo, in: IWB 2002, Fach 10, Gruppe 2, S. 1665 ff.

Ismer, Roland: DBA-Konkretisierung durch die Exekutive?, Zur Bindungswirkung von Verständigungsvereinbarungen nach Art. 25 Abs. 3 Satz 1 OECD-MA, in: IStR 2009, S. 366 ff.

Ismer, Roland: Rechtswidrige Gewährung von Rechtsschutz ? – Zugleich eine Besprechung des Urteils FG Hamburg vom 13.7.2000, V 2/97 -, in: IStR 2003, S. 394 ff.

Krabbe, Helmut: DBA-Verständigungs- und Schiedsverfahren und innerstaatliches Verfahrensrecht, in: DStZ 1995, S. 627f.

Krabbe, Helmut: EG-Schiedsverfahren bei Berichtigung von Verrechnungspreisen im Konzern, in: RIW 1982, S. 269 ff.

Lehner, Moris: Streitbeilegung im Internationalen Steuerrecht, in: Festschrift für Wolfram Reiß zum 65. Geburtstag, Köln 2008, S. 665 ff.

Leising, Jürgen: Die Klage auf Einleitung eines Verständigungsverfahrens nach Art. 25 Abs. 2 OECD-MA, in: IStR 2002, S. 114 ff.

Lühn, Tim: „Keine abweichende DBA-Besteuerung von Abfindungszahlungen durch Verständigungsvereinbarung", in: BB 2009, S. 201 ff.

Mössner, Jörg Manfred: Steuerrecht international tätiger Unternehmen, Handbuch der Besteuerung von Auslandsaktivitäten inländischer Unternehmen und von Inlandsaktivitäten ausländischer Unternehmen, 3. Auflage, Köln 2005.

Portner, Rosemarie: Besonderheiten des DBA-USA, Institut „Finanzen und Steuern", Schrift Nr. 430, Bonn 2005.

Portner, Rosemarie: Besteuerung von Abfindungen auf der Grundlage der DBA mit Belgien und den Niederlanden, in: IStR 2008, S. 584 ff.

Randenborgh, Lucas van / *Seidenfus*, Valentin R.: Vermeidung der Doppelbesteuerung durch DBA-Verständigungsverfahren – Praktischer Ablauf, Beteiligungsrechte, Erfolgsaussichten –, in: INF 1996, S. 481 ff.

Runge, Bernd: The German View of the Prevention and Settlement of International Disputes on Tax Law, in: Intertax 1997, Volume 25, Issue 1, S. 3 ff.

Schaumburg, Harald: Internationales Steuerrecht: Außensteuerrecht, Doppelbesteuerungsrecht, 2. Auflage, Köln 1998.

Schröder, Holger: Die auslegende Konsultationsvereinbarung am Beispiel des Besteuerungsrechtes für Abfindungszahlungszahlungen, in: IStR 2009, S. 48 ff.

Strobl, Jakob / *Zeller*, Josef: Probleme beim Verständigungsverfahren in Doppelbesteuerungsabkommen bezüglich Einkommen- und Körperschaftsteuer, in: StuW 1978, S. 244 ff.

Valentin, Achim: Anmerkung zum Urteil des Finanzgerichts Hamburg vom 13. Juli 2000 (EFG 2001, S. 27 ff.), in: EFG 2001, S. 29 f.

Vogel, Klaus / *Lehner*, Moris: Doppelbesteuerungsabkommen der Bundesrepublik Deutschland auf dem Gebiet der Steuern vom Einkommen und Vermögen, Kommentar auf der Grundlage der Musterabkommen, 5. Auflage, München 2008.

2 0 0 8

Nr. 448 Zur Rechtsverbindlichkeit der
internationalen Rechnungslegungs-
standards (IAS/IFRS)   15,00 €

Nr. 449 Aufteilung der Besteuerungsbefugnisse
– Ein Rechtfertigungsgrund für die
Einschränkung von EG-Grundfreiheiten?   21,00 €

Nr. 450 Grenzüberschreitende Verlustverrechnung
im Konzern – Ansatzpunkte für eine
Reform der deutschen Gruppen-
besteuerung vor dem Hintergrund
ausländischer Erfahrungen –   21,00 €

Nr. 451 Entwicklung wesentlicher Daten
der öffentlichen Finanzwirtschaft
in Deutschland von 1997 - 2007   11,00 €

Nr. 452 Entwicklung der Realsteuerhebesätze der
Gemeinden mit 50.000 und mehr
Einwohnern im Jahr 2008 gegenüber 2007   16,00 €

Nr. 453 Konsolidierungskurs beibehalten –
„Übertreibungen" bei der
Unternehmensteuerreform zurücknehmen!

*(Vortrag von Dr. Ludolf v. Wartenberg,
Vorsitzender des Kuratoriums des
Instituts „Finanzen und Steuern)*

Mehr Netto vom Brutto
– Finanz- und Steuerpolitik aus Sicht des
Bundeswirtschaftsminister –

*(Vortrag von Michael Glos,
Bundeswirtschaftsminister für Wirtschaft
und Technologie)*   6,50 €

2009

Nr. 454 Die Belastung durch Einkommensteuer
und Sozialabgaben
- Entwicklung und Perspektiven -   22,00 €

Nr. 455 Zur Abwehr von Steuerumgehungen aus
deutscher und europäischer Sicht   19,50 €

Nr. 456 Entwicklung wesentlicher Daten der
öffentlichen Finanzwirtschaft in
Deutschland   11,50 €

Nr. 457 DBA-Verständigungsverfahren
- Probleme und Verbesserungsvorschläge -   13,50 €